正大集团创始人

# 谢易初先生传

薛增一 著

中国华侨出版社
·北京·

**图书在版编目（CIP）数据**

谢易初先生传 / 薛增一著. — 北京：中国华侨出版社，2022. 5
ISBN 978-7-5113-8795-0

Ⅰ. ①谢… Ⅱ. ①薛… Ⅲ. ①谢易初—传记
Ⅳ. ①K826.3

中国版本图书馆 CIP 数据核字（2022）第 094194 号

**●谢易初先生传**

**著　　者** / 薛增一
**出 版 人** / 杨伯勋
**责任编辑** / 高文喆　桑梦娟
**封面设计** / 胡椒书衣
**经　　销** / 新华书店
**开　　本** / 710毫米×1000 毫米　1/16　印张：20. 5　字数：199 千字
**印　　刷** / 北京天正元印务有限公司
**版　　次** / 2022 年 5 月第 1 版　2022 年 5 月第 1 次印刷
**书　　号** / ISBN 978-7-5113-8795-0
**定　　价** / 58. 00元

中国华侨出版社　北京市朝阳区西坝河东里77号楼底商5号　邮编：100028
发 行 部：（010）64443051　传　真：（010）64439708
网　址：www.oveaschin.com　E-mail：oveaschin@sina.com

谨以此书

向正大集团创始人谢易初先生致敬！

向正大集团成立一百周年献礼！

薛增一

# 序

我的父亲谢易初先生，1896年11月22日出生于中国，1983年2月5日在泰国辞世，终年87周岁，至今离开我们已经38年了，我十分怀念他。

他1919年从中国来到泰国，1921年在曼谷创办了正大庄种籽行。从那时起，我父亲和少飞叔叔，我的正民、大民、中民三位兄长，以及我本人和众多精英人才，还有我们的全体员工，经过一百年的接力奋斗和开拓创新，正大集团从一家很小规模的正大庄种籽行起步，不断发展壮大，从泰国走向世界，成为一家大型的跨国企业集团。这一切都离不开他——我的父亲谢易初先生，他是我们正大集团的创始人。

我父亲一生为国为民，他考虑问题从不自私自利，总是把国家的利益、社会的利益、人民的利益，包括我们家族成员的利益放在他自己的前面，而把他自己摆在后面。我们集团的“三利原则”——利国、利民、利企业，其实就来自我父亲，是我总结、继承了我父亲的思想和品德做的一个概括。“三利原则”

是我们集团的企业宗旨，是我们集团的根本原则。我们集团之所以能够在一百年的历程中，克服种种困难和危机，不断开拓创新、发展壮大，与我父亲为国为民的思想和品德是分不开的。他言传身教树立起的为国为民的原则，为我们集团的发展打下了坚实的基础，指明了前进的方向。有了为国为民这个大的原则，我们就不会犯大的错误，就不会犯方向性的错误。我父亲给我起名谢国民，就是让我继承和实现他为国为民的理想和愿望，我没有辜负他，我感到很欣慰。

我父亲只有初级文化，没有读过大学，也没有接受过现代科学知识的系统教育，可是他却有科学观察、思考、分析和解决问题的能力，他真是一个天才。他从青年时期开始就坚持自学，勤于实践，无师自通地总结和创造了“环境驯化法”“远地引种杂交法”“系统选育法”三种主要的科学育种方法，孜孜不倦地钻研蔬菜、瓜果、粮食、畜禽的品种改良和新品研发，培育出许多享誉海内外的优良品种，为人类的农艺科研事业作出了不可磨灭的贡献。比如他从中国汕头引进华南优质蔬菜品种、从中国台湾引进西瓜品种，从印度引进花椰菜品种、从新加坡引进摩洛哥香菜品种等到泰国，在泰国精心培育、研发、种植、推广；他还从美国夏威夷引进优质木瓜品种到泰国，和泰国本土的木瓜品种杂交，培育出了甜糯可口的泰国木瓜新品种；等等。他的这些努力和成果，很多都填补了泰国蔬果品种的空白，丰富了泰国人民的蔬果品类和品种，为泰国人民的日常生活造福。

我父亲很有国际化的战略眼光。在正大庄刚刚起步，只有不足十位职员的时候，他就领导正大庄开始做进出口业务。到了20世纪三四十年代的时候，正大庄的种子业务已经覆盖了中国、新加坡、马来西亚、印度尼西亚、印度、日本等国家，当时日本出版的《种子目录》这本书上，就已经记载了以我父亲谢易初的名字命名的蔬菜种子。

新中国成立后，他从泰国返回中国，参加家乡的经济建设，澄海县委县政府任命他担任国营白沙农场的副场长兼技术员，他把自己几十年科研开发的育种成果无私地献给了国家。他在白沙农场领导和主持研发的冬熟西瓜、秋菊夏开，个体重25公斤的大萝卜、9公斤的花椰菜、11公斤的包心菜、25公斤的大西瓜，株产重110公斤的大番薯，还有水稻、玉米、花生等一批蔬菜、瓜果、粮食、油料类的农作物优质品种，以及狮头鹅、蛋鸡、肉鸡等畜禽优质品种，为各地农业经济发展、为国家和社会作出了突出贡献，白沙农场也因此而成为名闻全国的先进育种场。1959年中国农业部出版的《中国蔬菜优良品种》这本书，就收录了我父亲研发的四个蔬菜优良品种，推广到全国各地，甚至东南亚一带。

我父亲，与人相处，慈爱善良，谦虚礼让，诚信正直。他虽然话语不多，但真切诚恳，周到细致，让人感到十分亲近和温暖。但父亲工作起来，却十分严肃认真，很有威严。他十分爱惜人才、尊重人才，特别对那些有才干而且刻苦耐劳、勤奋努力的青年科技人才，他格外喜爱，把他们当作自己的孩子一样，无微不至地关心、爱护，认真培养，大胆任用。至今，在泰国，在中国，曾经与我父亲一起工作、生活，或接触过的人，都十分怀念他、纪念他，他是一个很有人格魅力、受人尊敬的人。

我们的同事薛增一先生很有心，也很用心，在正大集团成立一百周年之际，用了一年多的时间寻找和收集了很多有关我父亲的资料，学习、研究、分析、整理，创作了《谢易初先生传》这本书，以此来纪念我父亲。这是一项很有意义的工作。我希望这本书出版以后，作者能够进一步听取广大读者的建议，根据新收集的史料和研究成果，再接再厉，再版的时候把这本书修改得更好、更完善。

我的父亲谢易初先生，是一位平凡而伟大的实业家、科学家，他为人类社会的发展和进步作出了贡献，彪炳史册，世代流芳。

谢易初先生千古！

中国侨商联合会会长

正大集团资深董事长

2021年11月22日

# 目录

## 第三章　回乡兴业，践行以人为本



## 第四章　爱国爱乡，造福桑梓故里

# 第一章
# 农民世家，传承园艺实业

## 一、出生于农民世家

在中国广东省汕头市澄海县外砂乡蓬中村（现为汕头市龙湖区外砂街道蓬中村）的一户普通农民家庭，1896 年 11 月 22 日诞生了一位后来闻名海内外的著名育种专家、农艺家、实业家——泰籍爱国侨领谢易初。“热爱祖国、献身科学、兴办实业、造福人类”，是谢易初一生平凡务实而伟大光辉的主题。

谢氏一家祖祖辈辈躬耕海隅，居乡务农。

谢易初的祖父和父亲均为乡里敦厚朴实的农民。祖父叫谢宠高，又名谢尚，祖母名陈懿瑛。父亲叫谢成发，又名谢锡生，母亲叫王赛琴。

谢易初的祖父谢宠高勤劳刻苦、聪明能干，勤俭持家、经营有方，他积攒了一份田产和家财，成为村里的自耕农富农，家境较为殷实，这从谢宠高一辈建造的谢氏祖屋至今仍较为完好地保存在蓬中村内就可以得到印证。根据村中乡绅的介绍，这处谢氏祖屋距今大约有 180 年了，谢易初 1896 年就出生在这里。

谢易初的祖父、祖母都是文盲，没有读过书。唯有谢易初的父亲谢锡生到了读书年龄的时候，家境有所好转，才被谢宠高送到村里的私塾读了三年书。

在旧中国封建制度下的农村，自耕农是指农民自家拥有耕地、由家庭成员自行耕作、耕织结合、从事个体农业劳动的农户。少数自有土地较为富足，或有少量雇佣劳力的，则可达到自耕农富农，甚至自耕农地主。自耕农这个阶层的经济地位在农村并不稳固。在那个年代，一旦出现天灾人祸，或遇到政治和社会动荡，就极易导致两极分化。

谢宠高留给儿子的耕地虽然不多，但足以维持一家人的基本生活。然而谢锡生受当时社会上不良风气的影响，抽起了大烟，不事理家，家境随之衰落，生活渐至贫困。

此后，谢锡生为了一家人的生计，也曾经随谢氏宗亲辗转奔波于新加坡和泰国等南洋地区，但始终未有成就，最后还是回到了澄海家乡务农。

由于吸食大烟，不仅耗费了钱财，身体也受到很大的损害，谢锡生不幸在40岁左右就过早地去世了。

## 二、少年时期读过五年书

谢易初的父亲给谢易初起名叫谢进乾。有的资料也把谢易初的原名写成谢进强。

谢易初先生肖像。（照片由薛增一扫描自1988年11月22日《汕头日报》专版《纪念谢易初先生诞辰九十二周年》）

谢进乾小时候被父亲送到村里或村子附近的私塾读书。也有资料说是被父亲送到村子附近的远正小学读书。极有可能的情况是，谢易初小时候在这两个地方都读过书。

在谢易初读书的时候，家境已经比较贫困了。据新中国成立前曾在谢易初的私人农场做工、新中国成立后跟随谢易初到国营白沙农场工作、后来担任过副场长的谢平回忆说，谢易初的父亲曾向村中的米店赊米，但屡次遭店主白眼。因此，在谢易初进私塾读书的时候，私塾老师给他改名叫谢易初。老师说：“易者，更易、改变之所谓也；初者，当初也；易初者，改变当初之困苦，创造来日之兴旺者也。”易初之名，寄托着这位老师对谢易初未来发展前景的美好预期和祝愿。而谢易初一生勤奋刻苦、努力奋斗所取得的非凡成就，为国家为社会所作出的重大贡献，既实现了这位老师的美好祝愿，也印证了这位老师预期的完全正确。

谢易初只在私塾或小学读了五年多书，14岁的时候，家中已经无力同时供养他们兄弟继续读书了。为了减轻家庭里生活负担，谢易初不得已辍学回家帮助父亲务农。

谢锡生走的那一年，谢易初年仅 16 岁，小小年纪就担起了一家人的生活重担。当时，家里一共 7 人，有祖母、母亲，还有谢易初兄弟姐妹 5 人，他排行老大。兄弟姐妹中，有两个弟弟，分别是谢少白、谢少飞；两个妹妹，分别是谢惠妙、谢妙清。

当时家庭的收入，除了维持一家人的基本生活以外，仅能勉强供给一个人读书。谢少白从小爱读书，学习成绩优异，谢易初就支持二弟继续读书，自己和三弟弟在家务农、经商，帮助母亲养家糊口。

## 三、爱钻研的少年“草菇佬”

谢易初性格文静、天资聪颖，从小就勤于思考、善于观察，很有志气，干一行、爱一行、钻一行，勤奋刻苦，奋斗不息，力争上游。

潮汕地区因为山多地少，民间有种植蔬菜这种经济作物的传统，以使土地收入增值。

据《汕头市志》记载，明朝的时候，潮汕的蔬菜已经开始出口海外。到了清朝，潮汕人民赴海外谋生的人口越来越多，规模越来越大，侨胞们对家乡的蔬菜、腌菜、干菜需求量也越来越大，因而种植蔬菜和经营菜籽业务的人也越来越多。

尤其是澄海县的外砂乡，可以说是华南地区和南洋一带的菜籽基地，十分著名。在汕头和东南亚地区从事菜籽业的人，很多都来自外砂乡。

谢易初离开学校后，帮助父亲务农，就是从种植蔬菜开始的。但是他从事蔬菜种植，跟一般人不一样。一般人种植蔬菜，大多只是简单地、机械地重复前人传下来的耕作方式，仅仅只是一种为了生存而不得已的劳动付出。而谢易初是一个有追求的人，他在种植蔬菜的过程中，从一粒种子的播种，到发芽、生根、开花、结果，都一一观察，潜心琢磨，积累心得和经验，不断总结、提高。渐渐地，谢易初便成为闻名乡里的种菜能手。以至于直到今天，在蓬中村的乡民间还流传着这样的说法：谢易初当年居乡种植蔬菜，无论什么品种，确实比别人种得好，产量高、品质优、口味佳。

谢易初喜好新鲜事物，是乡间有名的“爱钻研”，尤其对育种情有独钟。虽然家境清贫，不能继续供养他读书，但他的求知欲很强，结合育种实践，仍然坚持自学，尽量多地研读园艺种植方面的书籍。

少年谢易初发现从野外采集来的野生草菇是人们十分喜爱的美味餐食，便萌生了一个念头：能不能人工培植草菇呢？天下无难事，只怕有心人。谢易初说干就干。他把野生草菇采集回来，在一个叫作“关脚”的地方找到了一块适合的园地作为自己培植人工草菇的圃园，并向有经验的老菜农请教，认真地做起了人工草菇的培育。经过反复尝试，谢易初终于获得了成功，把潮汕当地的野生草菇培育成为清甜鲜嫩的菜用草菇，成为潮汕地区人工培植草菇第一人，名扬乡里。乡亲们亲切地誉称他为“草菇佬”。

人工菜用草菇的培植成功，极大地增强了少年谢易初钻研和追求园艺事业的信心。从此他孜孜不倦，一生追求，成为一名无师自通、自学成才的育种专家、农艺家。

家乡的文史资料中至今还记载着谢易初最爱讲的几句话：“种出人无我有的东西，才是种田人的真本领。”他还说：“别人不能种好的作物，我一定能种好；别人能够种好的作物，我一定要比别人种得更好。”谈到成功的心得体会时，他说：“种田人如果做到三勤，勤请教、勤动脑、勤动手，什么困难都可以克服，什么奇迹都能够创造！”

他，的确就是这样的人！

# 第二章
# 南洋开拓，创办正大集团

# 第二章　南洋开拓，创办正大集团

## 一、艰辛创业，打下一片天地

1919 年，23 岁的谢易初在母亲和妻子的支持下，据说仅随身携带了 8 块银圆做盘缠，随乡亲们结伴出海下南洋，背井离乡，来到了泰国曼谷。

谢易初做事有谋略，行事前认真思考、充分准备，既创新开拓，又扎实稳健。来泰国之前，他就事先制作好了做生意的招牌广告、账簿，在家乡精心培育、采收潮汕地区各种名优菜籽，做足了准备工作。

船行一个多礼拜，终于靠岸于曼谷的湄南河北岸。谢易初就落脚于曼谷华人聚集的唐人街，在先前已经在曼谷生活的谢氏宗亲的帮助下做起了经销菜籽的生意。

湄南河的泰语是 แม่น้ำ เจ้าพระยา，翻译成中文就是“湄南昭拍耶”，中文称“湄南河”。其实泰语里“湄南”本身就是“河”的意思，泰国所有河流的名字都以“湄南”开头，因此“湄南昭拍耶”就是“昭拍耶河”的意思。而之所以叫“昭拍耶河”，是因为在这条河的入海口有一处叫作“昭拍耶”的村落，所以人们就把这条河叫作“昭拍耶河”。

华人移居泰国的历史相当久远，人口数量的规模也较大。据《泰国华人华侨史话》记载，在19世纪30年代，曼谷的主城区有40万居民，而约一半人口是华侨华人。第一次世界大战结束后的1918年，泰国政府积极推行吸引中国移民的政策，大批中国人特别是潮汕人下南洋来到泰国谋生、创业。当时在泰国的华侨华人总数已经达到100万人，而且大部分聚集在曼谷，尤其是曼谷的唐人街。据谢国民回忆，他小时候的唐人街，不会说泰国话没有大碍，因为生意人和顾客大多来自中国潮汕地区，不会说潮州话反而影响生意。

谢国民（英文 Mr. Dhanin Chearavanont），泰籍华人，祖籍广东汕头澄海县，1939年5月1日出生于泰国曼谷，是谢易初的第四个儿子。谢国民1964年加入正大集团，1969年任正大集团总裁，1989年任正大集团董事长，2017年至今任正大集团资深董事长。1979年，在中国改革开放的第一时间，谢国民就积极响应中国政府的号召来深圳投资，创办了中国改革开放后第一家外商投资企业。谢国民是著名的华商领袖。2008年，他当选为中国侨商投资企业协会首届会长，并于2011年、2014年、2017年连任四届，至2019年中国侨商投资企业协会整体并入中国侨商联合会，谢国民当选为中国侨商联合会第五届会长。

谢易初为先后出生于泰国的四个儿子依次起名为谢正民、谢大民、谢中民、谢国民，四个儿子的名字中镶嵌了“正大中国”四个在他心目中既神圣又崇高的华语文字，深深地寄托着他身居海外、心怀祖国的爱国情怀，以及寄予子辈们不要忘记根在中国的期望。谢正民 1928 年出生，现任正大集团永远荣誉董事长；谢大民 1932 年出生，现任正大集团永远荣誉董事长；谢中民 1934 年出生，现任正大集团 Advisory 董事长。

初到泰国曼谷，谢易初从家乡带来的品质优良的菜籽很快销售一空，可谓初战告捷。

谢易初设法四处寻找好的菜籽，以便继续经营。但是，菜籽市场上原有的经营商看到新来的经营者谢易初生意兴隆，担心自己的经销市场受到挤压，便串通一气，不供应菜籽给谢易初，阻断他的进货来源，打压初来者。

而谢易初则坚定不移地按照自己的目标稳步拓展，他为自己制定了“正大光明”的经营宗旨，坚持品质第一、诚信经营，积极采取措施应对面临的各种挑战和商业竞争，争取主动。

经过一段时间的艰辛创业、锐意经营，谢易初的种子销售业务在竞争中脱颖而出，终于赢得了自己的一片天地。

## 二、经营有方，创办正大集团

勤奋刻苦，加之经营有方，谢易初终于有了一些积蓄，便于 1921 年在曼谷的嵩越路琼南利炭廊巷口，今五福船务公司对面，租了一间门面房，开办了一家属于自己的蔬菜种子经销店。他用自己正大光明的理念和原则给店面起名叫“正大庄”。

由于优质菜籽在当地货源紧俏，又遭遇原有经营商的垄断和挤压，谢易初经销菜籽的货源时常接济不上。

在这种情况下，谢易初当机立断，及时调整经营策略，扭转局面。他聘请族亲谢庆林担任门店经理，同时安排三弟谢少飞主管财务，由其二人负责门店经营。而他自己则不顾艰辛，带领族亲谢瑞林，亲往泰国内地各府实地调查菜籽的使用和销售情况，了解农民对各类菜籽的实际需求，以掌握第一手信息和资源，拓展市场。

1924 年，谢易初又返回中国故乡采办优质菜籽，同时看望母亲、妻子和三个女儿及兄弟姐妹。他在潮汕地区组织选购了一批优良菜种，亲自押货返回曼谷，为正大庄提供货源，及时投放市场。

在从澄海返回泰国的途中，谢易初还去了一趟新加坡，他在新加坡采购了一批著名的摩洛哥芫荽菜籽（芫荽，在中国俗称香菜）到泰国种植、育种，确保了种源和货源，为接应市场需求开辟了新的品种渠道。

谢易初采取的一系列行之有效的经营策略和措施，以及坚持重视品质、薄利多销，使得正大庄有了稳固的优质种子供应渠道，有了诚信可靠的种子销售网络，很快在曼谷站稳了脚跟，赢得了市场，特别是在消费者中树立了信誉。

由于生意兴隆，为了扩大业务，1924 年，谢易初从澄海返回泰国后，决定在曼谷唐人街越阁路（三聘米街尾路口）另租了一个新的更大的门店，把正大庄搬迁到这里，批发兼零售，为日后正大庄种子业务更大规模的发展打下了基础。

与此同时，谢易初还在曼谷的石龙军路（振南剧院对面）新开了另一个种子销售门店，取名“合利菜籽行”。“合利”两个字，也很符合谢易初一贯的经营理念和文化脉络，即让利与人、合作共赢。谢国民提倡“要有胸怀，要懂得奉献，不能自私自利，要懂得给予、懂得吃亏、懂得原谅、懂得牺牲，要刻苦耐劳、诚信仁义，为人忠厚”。这些都和他父亲谢易初的文化精神和思想精髓一脉相承。

1921 年，谢易初在曼谷开办的正大庄种籽行，是正大集团的源头，正大集团从此诞生了。谢易初是正大集团的创始人。

正大庄老照片之一。左边数第四位，坐在童车中的是谢易初的长子、儿童时代的谢正民；中间抱着小孩、穿着黑长裙的是谢易初的长女谢美莹；右起第二位那个小女孩，是谢易初的二女儿谢美韫。谢正民于 1928 年出生，由此推测，这张照片可能拍摄于 1928—1930 年。（照片由正大集团北京总部宣传中心提供）

从这里起步，正大集团历代领导人，继承和发扬了谢易初的经营理念和文化精神，带领正大集团经历了百年的艰辛创业和发展辉煌，从一家小小的种子店，逐渐拓展壮大，成为世界知名的多元化经营跨国企业集团，跻身世界500强。

到2021年，正大集团在世界21个国家和地区投资有实业，业务遍及全球100多个国家和地区，员工45万人，年营业额达840亿美元。

正大庄老照片之二。左起第二人是青年时期的谢大民。谢大民出生于1932年，属猴。照片中的谢大民这时候看起来20岁上下，风华正茂、意气风发，由此推测，这张照片可能拍摄于1950年—1953年。（照片由正大集团北京总部宣传中心提供）

## 三、创立正大方圆商标

1992年10月，谢正民和谢大民在泰国曼谷正大集团总部接待了来自中国的作家张一弓。

在谈话中，谢大民向客人张一弓介绍正大方圆标志的时候说：

“这是正大集团使用的商标，也是我父亲当年创办正大庄的商标。外方内圆，最能代表他老人家的思想。外方是原则，做人要忠实、勤奋、爱国爱民；在经营上可以灵活多样，但是不能离开这个四四方方的原则，要对社会有贡献，不能只为了赚钱。”谢正民接过来说：“这是父亲留给我们的最珍贵的遗产。”

从这个谈话中，我们得知，正大集团的方圆商标是谢易初在创办正大庄的时候就创立并使用了。而其中的含义，正如谢大民和谢正民向客人介绍的那样，意义非凡。

方与圆，本身是一对矛盾。方，边是直的、角是尖的，有界限、有直角，是各种线条和弧度的临界状态，稍弯曲一点儿就不叫直线，稍增加一度就不叫直角。这个临界状态没有任何弹性，一是一、二是二，白是白、黑是黑，界限清晰、是非分明。而与方相对的是圆。圆，没有起点，没有终点，每一个起点就是终点，每一个终点就是起点，循环往复，变化无穷，具有无限的柔性和弹性。

正大集团的方圆标志，方，代表着做人做事的原则，就是要方方正正，表现了谢易初做人做事一贯坚守正大光明、正直诚信的原则和品格；圆，代表着做人做事的方法，就是要圆圆满满，表现了谢易初做人做事始终不骄傲自满、不故步自封、不保守停滞，他一生追求的是创新、创造，永无止境。外方内圆，很巧妙地把这一对矛盾的图形，以及其间所蕴含的人生哲理融合在了一起，并且规范了方与圆之间的主次和依存关系，就是方法再灵活、再多变，也不能突破这个方方正正的原则，引人深思，给人启迪。

正大集团的方圆商标，是谢易初创立的一个杰出的商标作品，不仅内涵有深意，充满了哲理，而且外观形象也十分协调、耐看，充满了和谐的美感，具有丰富、永恒的生命力。

谢易初于1921年为正大庄设计的方圆商标，现在已经成为正大集团驰名世界的著名标志。（图片由正大集团北京总部市场部提供）

## 四、谢少飞加入正大庄

谢易初在泰国曼谷的正大庄种籽行生意兴隆，他赚了钱寄回中国给母亲家用、给妻子抚育子女、资助二弟谢少白上学念书。

正大庄生意兴隆的同时，人手也不够了，特别是管理人员。于是，大约在 1922 年 11 月，三弟谢少飞被大哥谢易初从中国家乡带到泰国曼谷，帮忙照料正大庄。这是谢少飞第一次出国。那一年谢少飞 17 周岁，是一位风华正茂、充满理想的青年小伙子。

谢少飞，祖籍中国，1905 年 11 月 4 日出生在汕头市澄海县外砂乡蓬中村。

谢少飞来到曼谷后，大哥便委任他为正大庄的财务负责人，掌管钱财和账簿。从此他就成了大哥谢易初身边的得力助手，勤勤恳恳，兢兢业业，襄理和协助大哥把正大庄的生意做得越来越大、越来越好。

1931 年，26 岁的谢少飞回到中国故乡，在母亲的主持操办下娶妻完婚，接着就带着新婚妻子返回曼谷。

谢少飞从青年时期开始一直居住在泰国，早已成为泰国人民中的一分子，他终身奉献于正大集团的各项事业。

谢少飞与大哥谢易初手足情深，大哥是他人生的引路人和高尚情操的精神导师，既是他的领导，也是他的合作伙伴。

谢易初 1946 年和 1948 年先后回国兴办和管理私人农场；特别是新中国成立后，谢易初常年在中国任职和工作，为新中国的经济建设作出了重大的贡献，而家族在泰国的生意，谢易初则全权委托给了三弟谢少飞，由谢少飞主政正大集团的经营与发展。遵照谢易初经营理念的指导，在谢少飞的领导下，到 20 世纪 60 年代，正大集团的种子事业在泰国已经拥有了 6 个生产菜籽的农场、2个种子研究中心，提供着吃根的，如萝卜、芥蓝等；吃叶的，如白菜、包心菜等；吃果的，如冬瓜、西瓜、黄瓜、西红柿等；吃花的，如菜花等泰国所有的蔬菜品种，正大集团生产的菜种占据了泰国蔬菜种子市场60%的份额。谢少飞对正大集团事业的发展壮大、取得的辉煌业绩，劳苦功高！

正大庄老照片之三。照片中左为谢易初，右为谢少飞。照片上方的广告牌：右下方用中文写着“正大庄”三个大字；“正大庄”三个字的下方似有六个小字，字迹模糊；左下方是一个飞机图案和泰语文字“飞机牌”；广告牌上方的泰语含义是“正大庄飞机牌包菜种子”；中间是包菜的图案。照片的右下方是手写的泰国佛历日期2496年12月，即公元1953年12月。这张照片应该是谢易初回泰国探亲期间，与三弟谢少飞在一起时拍摄的。（照片由正大集团北京总部宣传中心提供）

1990年11月，谢少飞在泰国曼谷因病去世，终年85周岁。

## 五、品质第一和正直诚信是谢氏家族的“传家宝”

品质第一和正直诚信，是谢易初经营理念和文化精神的精髓和根基，是谢氏家族的“传家宝”。

一个人成功的原因可能很多，但至关重要的招数或许不过一两条。谢易初也是如此。谢易初在泰国的菜籽生意日渐兴隆，红红火火，他的成功主要取决于两个方面。

第一个最重要的方面，就是因为他追求高品质。

品质第一，是正大集团发展壮大的“传家宝”。

谢易初从一开始创办正大庄就确立了“第一流种子标准”的经营理念。正大庄的菜籽质量好、出苗全、抗虫害、产量高，种出的蔬菜味道好，广受菜农的称赞。谢国民有一次回忆他的父亲时说：“父亲开始的成功，就在于他出售的菜种是最好的。我们不论做什么，都像父亲选种一样，一定要最好的品质。”

1921年，正大庄种籽行创办开业不到10天，所有名优、上乘的蔬菜种子全都销售一空，唯有名气差、质量差的菜种积压滞销，既卖不出去，又占用资金。谢易初由此认识到，在市场竞争中，要做到货如轮转，商品的品质是第一位的，必须保证种子的高质量，必须坚持第一流的种子标准，才能满足顾客的需要，才能成为种子营销中的优胜者。于是，他把因品质差、名气差而积压滞销的种子全部销毁，从此之后，坚持采办和经销名优、质优的蔬菜种子，正大庄也因此而生意兴隆。

第二个最重要的方面，就是他诚实、守信、善良，这是他的本色。

正直诚信，是正大集团发展壮大的“压舱石”。

他自己出身农民，深知农民生活的艰辛与困苦。他认为，农民最辛苦、最节省，即使他们买回家的菜籽过期了，也舍不得丢掉，但是如果用过期的菜籽种菜就会影响农民的收成。所以他就在自己的菜籽包装上写明日期，告知农民买回家的菜籽如果放置过期了，可以拿回来，他免费给农民换新的菜籽。他了解农民，理解农民，替农民着想。

“品质第一”是正大集团优良传统中做事方面的最根本的一条；“正直诚信”是正大集团优良传统中做人方面的最根本的一条。

正因为谢易初始终坚守做事“品质第一”、做人“正直诚信”这最基本、最重要的两条，他才赢得了农民、赢得了市场。

在中国中央电视台财经频道 2011 年 8 月 26 日播出的《对话》节目中，谢国民与主持人陈伟鸿有一段对话，谈到谢易初的经商理念，摘录如下：

**陈伟鸿：**您的观念跟父亲做生意的观念是不是相同的，甚至是一脉相承的？

**谢国民：**相同，就是品质。我们对农民要真诚，你们不能骗农民，你卖的价钱有没有这个价值？你不怕说价钱高，最怕你卖给他以后，你有没有这个价值是让他赚钱，不能偷工减料，我们的成功就是要真诚，对农民要诚信。

**陈伟鸿：**说到品质，其实在当时的泰国，我听说正大庄是无人不知的一个商行，它的菜籽的品质是最高的。

**谢国民：**对。还有那个时代如果有什么新的包装，我父亲就是用最现代化的包装，有新的印刷出来，我父亲就用现代的印刷，还有一个特点，就是把日期印上去。如果这个过期了，你们不要用，来换，免费地换。

**陈伟鸿：**那么早的时候父亲就这么做了。

**谢国民：**那时代就是这样做。当有罐装，我父亲马上就用了罐装来装这个菜种，菜种是有生命的，过了期它不会再长。

**陈伟鸿：**和其他的生意比起来，做农产品的生意，是不是利润不如其他的行业？

**谢国民：**是，因为我们的产品是农民买去了，又去生产，不是一些化妆品或者一些饮料，喝下去好喝就算了，就挣到钱了，我就付钱了，但农民他很辛苦，农民是一般在落后的国家就比较穷，他买你的种子是要去生产，他养猪买你的饲料，也是要去生产。如果他养出来的猪亏本，他哪里有钱来买你的饲料，买你的猪种。所以我们这个事业处处要替农民着想。

品质第一、正直诚信，是正大集团六条核心价值观“三利原则、快速优质、化繁为简、接受变革、不断创新、正直诚信”中的遗传基因，与“三利原则”这个企业经营宗旨一起构成了正大集团的三大经营原则，是正大集团最宝贵的精神财富。

## 六、创新发展，开创蔬菜种植示范园先河

1922 年 11 月，谢少飞来到泰国曼谷后，谢易初即委任他管理正大庄的财务，并聘请族亲谢庆林与谢少飞一起协同工作。

而谢易初自己则抽出身来，亲往泰国内地各府调查和开拓市场。

他走遍了清迈府、北柳府、北揽坡府、佛说府、叻丕府、佛丕府等地，考察当地的蔬菜种植，和菜农打成一片，了解当地菜农对蔬菜种子的需求，以及当地市场的销售情况。他一边调查，一边思考着怎么样才能打开在当地的销售局面。

他独辟路径、独树一帜。通过观察和思考，谢易初意识到，要扩大菜籽的销量，就必须到种菜的地区去做示范。

经过充分的准备，谢易初在清迈府和北柳府各选择了一处最适宜的地块，租了下来，开辟了正大庄蔬菜种植示范园；用

他娴熟而精湛的蔬菜种植技术，亲自动手种植和示范正大庄各类名优蔬菜品种，组织当地的菜农前来观摩，做标准的示范种植给他们看，使他们在田头现场就能看得见、摸得着正大庄蔬菜种子的优势，做到选种有样板、种田有标准。同时，他向菜农传授自己的种菜经验和技术，帮助菜农提高产量、增加收入。谢易初这一招，对当时曼谷的所有蔬菜种子经销商而言，是独一无二的绝招，开创了一代种田人的先河。他成功了，很快打开了这些地区的经销市场。

想别人不敢想，做别人不敢做，做示范、树标杆，这种商业思维和商业模式，此后也成了正大集团的优势传统之一。

由于他锐意开拓，措施得当，以及他勤劳朴实、诚信善良、无私传授知识和经验的作风和品格，大受菜农的欢迎和赞誉，被大家尊称为“农友之父”。而正大庄的业务也在竞争中崭露头角，脱颖而出，正大庄的蔬菜种子销售额快速增长，终于成了曼谷的蔬菜种子行业中后来居上的著名商号之一。正大庄的声誉也远播泰国内地各府，在广大农民中颇具影响。谢易初是老一辈旅泰华人创业成功的杰出代表。

20 世纪 30 年代中期，随着生意兴隆，谢易初、谢少飞兄弟积攒了一些钱，在正大庄的对面买了一块地，建起了一幢三层楼房。当时，谢易初一家住三楼，谢少飞一家住二楼，一楼用作办公和种子仓库，楼顶作晾晒种子用，有时候还在房顶养鸡。1939 年 5 月 1 日，谢国民就出生在这幢楼的三楼。

坐落于曼谷唐人街上的正大有限公司大楼，现在是正大集团种子农化事业线的总部。谢国民 1939 年就出生于这幢大楼的三楼。（照片由薛增一于 2018 年 1 月 24 日拍摄）

## 七、开创产供销一条龙经营模式

正大集团在当时的泰国，是唯一一家既生产种子，又销售种子的企业。谢易初开创了泰国华人企业产供销一条龙经营模式和经营体制的先河。这种产供销一条龙的模式和体制，是谢易初在他长期艰苦创业的过程中不断总结、探索而构建形成的，并已成为正大集团生产经营的一个优势传统，一直继承延续至今。

发起产供销一条龙的缘由，首先是谢易初为了保障种子来源的品质安全，同时保障供货的货源安全。在经营竞争中，他通过实践深刻地认识到，只有产供销一条龙，才能有效地控制好种子的品质、货源和成本。他是一位事业心很强而又独具慧眼的实业家、商业家。在他看来，企业最理想的经营模式与运营机制，应是通过实验后进行规模投资，为本企业的销售网络提供质量最好、品种较为齐全、成本较为低廉的货源。这样可以免去许多中间环节的损耗和费用，以及中间商的层层盘剥，从而以略低于市场的价格让利于菜农，来赢得更多的用户和他们的信赖，正大庄的品牌才会越来越响亮，事业才会得到更快更大的发展。

为此，他两手抓，即开设正大庄销售网络和建立种子生产供应基地齐头并进。

在建立生产基地方面，他既抓在泰国的基地，也抓在中国的基地。一方面，从 1921 年正大庄创办开始，谢易初就通过在泰国各地开办正大庄种子种植示范园的办法，培育和生产各类优质蔬菜种子，源源不断地供应给各地的正大庄销售网络。他开办示范园所需的土地，采取的策略是以租地为主，少量必需的土地则自己购买，以便根据市场的变化和需求，采取灵活机动的策略，随时调整扩展的方向和规模。另一方面，他时常往返于泰国曼谷与中国汕头之间，既为了回乡看望母亲和家人，在汕头城里购置房产，把母亲从乡下接到城里居住，使她老人家有一处生活安定的住所，安度晚年；又在家乡租地，种植和培育蔬菜良种，再带到泰国销售，丰富和改良泰国的蔬菜种源，为中泰两国间的经贸往来作出贡献。1946 年和 1948 年，他两度回到家乡，在澄海县外砂乡租地建立了一个 100 多亩的私人示范农场，生产各类优质蔬菜种子。这是他从事产供销一条龙发展在家乡的又一次尝试，并获得了成功。

在建立销售网络方面，他持续不断地拓展正大庄的服务覆盖范围。自 1921 年在曼谷开设首家正大庄之后，1924 年，他又把正大庄迁到唐人街，扩大营业面积，还在曼谷开设了另一处起名为“合利种籽行”的种子销售门市部。1937 年，他在泰国南部宋卡府的合艾市新开设了一家“正大庄”。1939 年，谢易初又到马来西亚拓展业务。1941 年年初，他在马来西亚的吉隆坡和阿罗士达分别设立了两个“正大庄种籽行”，大力拓展海外市场。

谢易初开创的产供销一条龙经营业态，现如今已经成为工商业各界广为采用的经典商业模式之一。

## 八、填补泰国没有本土西瓜的空白

谢易初少年时期读过五年多的书，有一定的文化基础，但是没有经历过正规的现代化教育，更没有接受过高等教育。而他却有科学观察事物的能力，热衷于钻研和改良蔬菜、瓜果的品种，好中选好，优中选优。谢国民有一次在谈到他父亲谢易初的时候有一段这样的评述，他说："这并不是从农科院校学到的知识，而是他根据经验，自己总结出的一套办法。"

谢易初很有战略眼光，既能抓住商机，又能脚踏实地。1928 年前后，泰国还没有本土西瓜，是谢易初从中国台湾引进了西瓜品种，在泰国南部的春蓬府反复试种、选育，终于培育出了适应泰国土壤和气候的本土西瓜品种，泰国从此有了脆甜可口的西瓜，填补了泰国没有本土西瓜的空白。

那时候，泰国本土原生的木瓜也不好吃，谢易初就从夏威夷引进木瓜品种，与泰国本土的木瓜品种杂交，培育出了泰国的新木瓜品种，个头大、味道好。

由谢易初培育出来的泰国西瓜和木瓜新品种，经过正大庄种籽行的销售、推广，很快得到广泛种植，覆盖了泰国的市场。今天，泰国人民和世界各地的游客在泰国仍然享用着谢易初培育成功的西瓜和木瓜，这是谢易初对泰国农业经济发展和民众社会生活的真切贡献，这两种人们喜爱的泰国水果也是对谢易初最好的纪念。

## 九、重视科技，引领创新的“弄潮人”

谢国民在回忆他父亲谢易初时说：“父亲谢易初喜欢新鲜事物。菜种店‘正大庄’在曼谷开张后，父亲把飞机印到了商标上。种子与飞机一点儿关系都没有，但父亲说：‘飞机是现代文明，先进科学技术的象征。’就这样印了上去。”“正大当时经营白菜、芥菜和芜菁种子。种子分装在一个个小纸袋里销售。纸袋采用了当时还很少见的彩色印刷。尽管被旁人讥讽：‘卖给农民的东西，干吗印得那么漂亮？’父亲却不为所动。包装纸袋上会印上有效日期，过期免费更换。这种做法在当时非常罕见。父亲常对我们说：‘种地是苦差事，播的种得每天浇水，不发芽，农民就赔大了。我们绝不能让顾客吃亏。’”

当市场上刚刚出现一小罐、一小罐的铁制“罐装”食品的时候，谢易初立即采用“罐装”来包装蔬菜种子。他认为罐装种子，能够更好地保持种子的生命体征，更有效地防止种子受潮而影响品质。

他就是这样一位从不保守、从不固守，而时时注重创新、时时运用最新科技手段、与时俱进的“弄潮人”。

谢易初在蔬菜种植过程中，采用先进的栽培方法和严格的管理措施，十分注重运用科学知识和技术，以保持种子品种的纯正。

1948年，谢易初在澄海家乡经营私人农场的时候，为了防止蔬菜、瓜果因种植距离过近、过密，导致种植物无控制地自然性杂交而造成物种变异、退化，他主动与农场土地接壤的农户人家协商，让他们留出一些空地，不要种植任何农作物，以使农作物之间保持一定的空间距离，避免混杂种植，从而增强和提高种子的纯正度，保障农场培育的种子的高质量。为此，谢易初以高于相邻土地上农作物收成二三倍的价值赔偿给了这些农户，使得农户们获得了比自己亲手种植还要高出许多的收成和实惠。

那段时间，谢易初还有一个很大的科研成果，他实验成功了“种子储藏十年还能发芽”的种子储藏法，确保了种子的保存质量。谢国民有一次谈到他父亲谢易初的种子冷冻储藏法的时候说：“在那个时候，我父亲没有读过现代的大学，但是他能想到用冷冻的方法储藏种子，真是天才。”

正因为如此注重科学，正大庄的蔬菜种子品质纯正、优异，闻名遐迩，很受海内外客户的欢迎，受广大菜农的青睐。

正大庄老照片之四。左一是谢少飞，左三是谢少飞的夫人，照片中的两个小孩都是谢少飞的儿子。最上方左图上的泰语含义是“鸡饲料”，中间是飞机图案和泰语文字“飞机牌”，右边模糊，辨别不清。中间的泰语含义：卜蜂，正大庄菜籽。下方中文：正大庄种籽行飞机唛种籽。这个“唛”字，先前笔者还真不认得，查了《现代汉语词典》得知读“mai”，第四声，是方言用字，意思是“商标”，是从英文单词“mark”音译而来的。这样来看，以上的中文就是“正大庄种籽行飞机牌种籽”。这张照片的拍摄年代，笔者估计在1953年，或1953年以后了。因为“卜蜂”作为公司名称和注册商标，是1953年在泰国曼谷设立、注册的。（照片由正大集团北京总部宣传中心提供）

## 十、胸怀世界，早早跻身国际业务

做世界级的企业，一是要有世界级的思想理论来支撑，二是要有世界级胸怀的企业家来担当，而且要知行合一、始终一贯。正大集团第一代核心领导人谢易初是这样的人，现任正大集团资深董事长的第二代核心领导人谢国民是这样的人，现任正大集团董事长的第三代核心领导人谢吉人也是这样的人。

谢国民是一个有着世界胸怀和眼界的商界领袖。他有很多金句、名言，诸如他常常高屋建瓴地说：“要成为一个世界级的著名跨国企业，就要有这样的战略意识和胸怀，就是把世界的市场当作正大集团的市场、把世界的原料当作正大集团的原料、把世界的资金当作正大集团的资金、把世界的人才当作正大集团的人才。”

而谢国民这种胸怀天下的大家风范和战略眼界，是总结、传承和发扬了源自他父亲谢易初的经营理念和思想精髓。正因为如此，正大集团，这个于1921年从泰国一家小小的正大庄种籽行起步的著名跨国企业集团，目前在全球拥有不同国家、不同民族、不同肤色、不同宗教信仰的职员达45万人之众。

作为一家跨国企业集团，正大集团的起步是很早的。

早在20世纪30年代初，在正大庄的事业还处于早期创业和拓展阶段的时候，谢易初就做起了国际贸易。正大庄的菜籽生意除了与中国汕头的商贸往来频繁之外，还远销到了中国台湾地区，东亚的日本，以及东南亚各地，甚至还把正大庄也开到了泰国以外的国家和地区。

同时他也做进口生意，把其他国家的优质菜籽进口到泰国的正大庄来销售，例如，从日本进口泷井种苗公司的优质菜籽到泰国销售。到了1940年，谢易初还成为日本泷井种苗公司的泰国经销商。从那时起，正大集团一直与泷井种苗公司保持着业务合作和友好交往，现在仍在合作改良蔬菜和水果品种。2015年，双方还举行了合作75周年的庆典活动。

谢国民在回忆他父亲谢易初早期创业的历程时说："英语和泰语不通的父亲是怎样跟外国企业打交道的呢？原来父亲不惜重金，高薪聘请了居住在曼谷的一位会说泰语的英国人，亚历山大·坎贝尔（英文 Mr. Alexander Campbell ）。父亲将签约等涉外事务全部交给了他。正大当时虽是一家只有几个人的小店，却早早跨进国际企业的行列。"

就这样，虽然那时的正大庄还仅仅是一家只有不足十位职员的小店，却早早跻身于国际企业的行列，充分展现了谢易初胸怀世界的大智慧和大韬略。正大庄的进出口业务，从20世纪30年代起步，到40年代的时候，就已经覆盖了中国汕头、香港、台湾和东南亚的新加坡、马来西亚、印度尼西亚等国家和地区，以及东亚的日本等国。20世纪40年代，日本出版的《种子目录》上，就已经记载了以谢易初名字命名的蔬菜种子。

虽然谢易初是老板，坎贝尔只是职员，但是谢易初对坎贝尔十分优待，不但分配给坎贝尔的办公室比他自己的还要大，而且给坎贝尔配备了一名服务生，专门为他提供服务，诸如跑邮局送信、送电报，买日用品，以及收拾屋子、打扫卫生等杂务。

谢易初（右二）、谢少飞（左二）、坎贝尔（左一），20世纪五六十年代在香港合影。（照片由正大集团北京总部宣传中心提供）

从此，坎贝尔一直没有离开过正大集团。在20世纪80年代的时候，年过八旬的坎贝尔依然身体健康而忘我地在正大集团做着力所能及的工作，直至去世。

## 十一、抗战期间送子侄投靠谢少白

1931年9月18日，日本侵略军发动九一八事变，侵占了中国东北。继而于1937年7月7日，日本侵略军再次挑起卢沟桥事变，发动全面侵华战争。当时的国际形势已经十分紧张。果不其然，1939年9月1日，德国对波兰发动了突然袭击，英、法当即对德国宣战，第二次世界大战全面爆发。及至1941年12月7日凌晨，日本不宣而战，突然袭击美国在太平洋上的军事基地珍珠港，以微小的代价重创美国太平洋舰队，太平洋战争爆发了。与此同时，日本还在东南亚各地对英美两国发动大规模的进攻。到 1942 年春天，日本侵略军就占领了东南亚的广大地区和太平洋上的许多岛屿。

当时泰国的国内形势也十分严峻。1939 年，亲日派陆军元帅披汶·颂堪（英文 Mr. Phibul Songkhram）出任政府总理，从此开始了泰国这段时期的军人独裁统治。披汶·颂堪的亲日派军政府，与日本侵略者狼狈为奸，沆瀣一气，社会矛盾尖锐而动荡。

陆军元帅披汶·颂堪，1897 年出生于泰国暖武里府的一个农民家庭，1964 年客居日本时去世。他的一生颇具传奇和争议。他的祖先是华人，祖籍广东潮州，父亲姓吴。但他与日本侵略者勾结，推行媚日、排华政策，镇压泰国华人的反日活动，阻挠泰国华人为中国国内的抗日活动捐款捐物，并取消华文报纸，关闭华语学校，等等。广大华侨华人受到排挤和打击，甚至危及性命，处境危险。

泰国著名的华侨领袖、泰国中华总商会主席蚁光炎，因积极组织泰国的华人华侨支持中国的抗日活动而触怒了日本侵略军和泰国亲日派军政府，在美女、金钱收买失败后，日伪当局恼羞成怒，于 1939 年 11 月 21 日晚上 10 时派遣特务在曼谷唐人街将其枪杀，蚁光炎英勇牺牲。

危急时刻，谢易初十分担心子侄们受到伤害甚至危及生命，他说要为谢家“留种”，于是亲自带着长子谢正民、次子谢大民、侄儿谢德民（谢少白的长子，谢灯的父亲。谢灯，现任正大集团海外首席资金运营官）、侄儿谢泽民（谢少白的次子，谢炳的父亲。谢炳，现任正大集团资深副董事长、正大制药集团董事长）四个子侄，于1939年的春天设法返回到中国云南，投靠二弟谢少白。这一年，谢德民14岁，谢泽民12岁，谢正民11岁，谢大民7岁。而谢少飞的长子谢剑民从小就被安排在中国国内的汕头老家，和祖母一起生活。

这是一次曲折且充满了危险的旅途。他们先从泰国乘坐火车到达老挝，再从老挝徒步或搭乘便车到达越南的西贡，从西贡乘坐汽车到河内，再从河内乘坐火车进入中国，几经辗转，最后到达了云南昆明，与谢少白会合。

在把子侄们交给二弟谢少白监护后，谢易初也在昆明短暂逗留，其间还不忘种植和培育种子。数月后他返回泰国，此时正值第二次世界大战爆发，他随即去了马来西亚，一方面是为了开辟马来西亚市场，同时又可躲避泰国国内的社会动乱。

谢少白，1898年出生于祖籍汕头市澄海县外砂乡蓬中村，比大哥谢易初小两岁，1970年因病在汕头去世，终年72周岁。

1909年，谢少白就读于澄海县初级中学，毕业后回到母校外砂养正小学当教员，后来又到冠垅小学任校长。他14岁的时候，父亲因病过早去世了。后来，因大哥谢易初和三弟谢少飞在泰国经营正大庄种籽行，他们的家境逐渐丰裕，在大哥谢易初的资助下，谢少白遂北上来到上海，考入上海暨南大学文学院中文系继续读书深造，1935年大学毕业，这一年他已经

37岁了。毕业后，经著名学者陈中凡教授介绍，他再赴南京中央大学艺术学院国画系，师从著名画家吕凤子教授专修国画。

1937年7月全面抗战爆发后，谢少白先由民国时期的军学泰斗杨杰将军介绍参加了南京防空委员会，担任陆军上尉宣传干事；12月南京沦陷后，再由曾任第六届全国人大常委会副委员长、时任暨南大学教授的共产党人楚图南介绍，赴昆明就任昆明南菁中学国文教师。

1939年春季时节，子侄们被谢易初送回中国的时候，谢少白正在昆明南菁中学当老师，所以四位少年就在昆明住了下来。

1992年10月，谢正民在接受中国作家张一弓采访的时候，回忆起在昆明的这段往事，深情地说："我们还在昆明住了一年。我、大民和两个堂兄，住在一家姓陈的农民家里，那个地方叫陈家院。1980年，我们又去昆明时，已经找不到这个地方了。张先生写书的时候，请在书上帮我们找一找，就说1939年，有四个小孩住在他家。他家老三是个女孩，老五是个男孩。我们很想念他们，盼望他们来信。"

1939年冬春之际，国民政府教育部聘请谢少白担任设在昆明的国立育侨中学的教务主任。而正在此刻，国民政府设在四川省成都市灌县（今都江堰市）的空军幼年学校聘请谢少白到四川任学校的国文和美术教官，并请他将身在昆明的17位报考入校的少年华侨学生一并带来灌县。谢少白接受了空军幼年学校的聘请和任务，而因此没有去昆明国立育侨中学任职。

空军幼年学校是国民政府于1939年成立的。1937年七七事变之后，抗日战争全面爆发，然而中国的空军十分羸弱，根本无力阻止日机的肆虐轰炸。鉴于抗战的需要，为了夺取制空权及从长远考虑，加强空军建设成为当务之急，其中就包括培养空军后备人才。因此，苏联派驻中国的空军总顾问帕尔霍明科向国民政府建议，效仿苏联"纳希莫夫"少年海军学校的模式，设立少年空军学校。这个建议得到了国共双方有识之士包括周恩来、叶剑英、白崇禧、周至柔、张治中等各方面的赞同和支持，国民政府的中国航空委员会随即决定成立少年航校，并命名为"空军幼年学校"。几经选址，最后定校址于山清水秀、远离战火的四川省成都市灌县的蒲阳场，面向全国招收12—15岁的高小毕业生，接受严格的训练，为抗战培养空军后备人才。

1940年春天，谢少白带着17位侨生和4位子侄，来到了设在四川灌县蒲阳河畔的国民政府空军幼年学校。直到抗日战争胜利后的1947年，谢正民、谢大民两兄弟才由叔父谢少白安排，搭乘上军用飞机从成都飞到香港。正巧谢易初第二天从曼谷飞抵香港，哥儿俩便跟随父亲乘轮船再返回汕头老家。当年在家乡，国民党军到处抓壮丁，谢正民那年正满19周岁，谢大民正满15周岁，家人十分担心，因而只在家乡待了28天，便在父亲谢易初的带领下，匆匆忙忙返回泰国去了。

谢少白（左一）与他的美术班学生“虹社社员”在写生现场合影。当年空军幼年学校成立了很多学生团体，其中爱好美术的学生在谢少白的主导下，成立了美术社团“虹社”，由谢少白任美术老师。（照片扫描自《谢公少白诞生百周年纪念专辑》）

从1940年到1947年，在四川灌县蒲阳场这8年，一大家人单靠谢少白一个人的薪水生活，加之谢易初1941年12月至1945年8月被困马来西亚和新加坡3年又8个月，经济外援几乎断绝，生活十分不易。4位少年在谢少白的安排下一边读书，一边做事，维持生计。谢少白用哥哥谢易初早先从泰国寄来补贴家用的一笔钱，购买了100多只奶山羊，由子侄们放牧饲养，获取的羊奶出售换钱，以维持生活。少年谢大民还跑40华里（1华里即500米）的山路到灌县县城批发香烟来蒲阳场售卖，少年谢正民则开了一个酿酒坊，出售用玉米酿的酒，还用酒糟喂养了10多头猪，等等。

这是当年设在成都灌县蒲阳场的国民政府空军幼年学校全景复原图（袁圣全绘制）。1940 年至 1947 年，谢正民和谢大民跟随叔父谢少白在这里生活了 8 年。（照片由薛增一提供）

1953年，25岁的青年谢正民和21岁的青年谢大民，在泰国开创了正大集团的饲料事业，这是在他们的父亲谢易初开创的正大庄种子业务的基础上，正大集团发展史上又一个里程碑事件，是一个承上启下的重要转折点，显现出两位兄弟超凡的商业意识和经商才能。其后谢中民、谢国民先后加入，特别是1964年25岁的青年才俊谢国民的加入，使得正大集团的事业发展进入了快车道，逐渐发展壮大成为一家名副其实的跨国企业集团。

油画作品《谢少白夫子像》。作者是谢少白的学生、虹社社员、著名画家周诗成。周诗成（1927—2010），四川隆昌人，中国美术学院副教授，中国美术家协会会员。抗日战争时期于1940年考入空军幼年学校，在校期间受作家林莽、画家谢少白、谭学楷诸师教益颇深。（照片扫描自《谢公少白诞生百周年纪念专辑》）

1992年，谢大民负责的正大集团卜蜂国际贸易业务已经扩展到了10多个国家和地区，当他回忆起在四川灌县蒲阳场的这段因生活所迫而少年经商的经历时，不无自豪地说：“我搞国际贸易是从蒲阳场开始的，我是从蒲阳场走向世界的。”

中国改革开放后的1980年，52岁的谢正民和48岁的谢大民回到了阔别33年的四川省投资发展。他们找到了当年在蒲阳场帮助他们放羊的空军幼年学校的一名校工、已经70多岁的林云成老人。见依然生活在蒲阳场乡下的林云成老人。家境还比较贫困，老哥儿俩怀着感恩的情怀为林云成一家购买了新房，添置了冰箱、彩电，还从此负担了林云成的医疗费用，并每月资助他200元生活费。

谢德民被伯父谢易初从泰国带回中国后，跟随父亲谢少白先在昆明，再到四川生活、读书，后来考进了四川大学数学系，其间秘密加入了中国共产党，参加了地下革命工作。四川解放初期，谢德民被任命为成都市大邑县王泗区区长，在县委书记宫辐

1980年，谢正民、谢大民及夫人来四川时，在成都机场留念。（照片由正大集团四川区提供）

书和县委的直接领导下，带领和组织全区人民，开展平叛匪患、稳定社会、恢复生产等各项工作，踏上了建设新中国的新征程。

1980 年，经堂兄谢德民引荐和介绍，谢正民和谢大民来四川考察，受到了时任成都市委书记宫辒书的亲切会见和热情接待，与四川省、成都市有关方面商谈正大集团来四川省投资发展、设立公司等事项。

谢正民、谢大民自 1947 年抗战胜利离开四川，时隔 33 年之后，经堂兄谢德民引荐，在改革开放后的 1980 年，第一次回到四川考察投资发展事宜。本照片是时任成都市委书记宫辒书会见他们时的合影留念。宫辒书（二排左三）、谢正民（二排右二）、谢大民（二排左二）、谢大民夫人（三排左二）、谢德民（三排右二）、李绍庆（前排）、黄正刚（四排右五）、成都市粮食局副局长李维禄（四排左四）。（照片由正大集团四川区提供）

1982 年四川省政府邀请谢正民、谢大民再次莅临成都，出席了四川省外贸工作大会，省、市两级各外贸部门的负责人全部参加了这次大会，大力推进四川省对外开放、招商引资工作。抗日战争期间在成都生活了八年的谢正民、谢大民一直有一个心愿，就是要报答养育了自己的四川人民。在这次会议上，在四川省和成都市领导的见证下，谢正民、谢大民实现了他们的愿望——正大集团与成都市签约成立“成都凤凰正大合营有限公司”，后更名为“成都正大有限公司”，成为正大集团在四川省投资的第一家企业，也是四川全省第一家外商投资企业，成为改革开放后四川省引进外资企业的一个里程碑。

## 十二、战后抓住时机，迅速扩大发展

1939 年，谢易初来到马来西亚。正当业务逐步发展的时候，1941 年 12 月，日本侵略军进占了马来亚半岛。不得已，他先是逃到马来西亚的一个岛上躲避战争，后又转到新加坡的吉洞渔村栖身，与先前抵达这里的澄海县外砂乡的谢氏宗亲们相聚在一起，以捕鱼为生。直到三年又八个月后的 1945 年 8 月日本投降，他才于 9 月辗转返回泰国，途经合艾时，得知曼谷发生动乱，遂在合艾过了三个晚上，才又乘船抵达曼谷，与家人团聚。

由于受到战争的摧残，泰国和周边的东南亚国家经济凋敝，民不聊生，谢易初又受困马来西亚多年，而且因为战争，泰国与中国的往来也中断了。在这种情况下，正大庄的经营在谢少飞辛苦支撑下，虽艰难维系，但终因战乱纷扰，独木难支，致使经营十分困难，业务几近停顿。谢易初后来回忆到他1945年9月返回泰国的情形时，说："抵达曼谷后发现正大庄财政上仅存白米百余包而已。"面对严峻的经营形势，谢易初坚定地鼓励大家"重整旗鼓"。

谢易初亲自主导经营，抓住战后社会秩序恢复、经济复苏、民众期盼改善生活的有利时机，迅速恢复主营的蔬菜种子销售业务，并在示范农场种植蔬菜出售，增加收入。同时，组织大家新开辟了与农牧业有关的多种经营业务，从传统的经营蔬菜种子业务，拓展到跟种植蔬菜相关联的肥料、农药，以及麻袋等业务。

也就在这个时候，谢易初以他敏锐、独特的企业家的眼光，又瞄准和抓住了一个新的业务发展机会。原来，"二战"结束后，为了尽快修复战争创伤，各国的当务之急都是改善民生、发展生产、恢复经济，一些国家和地区急需进口生产资料和粮食产品。谢易初看准机会，发挥正大庄与农民、农村联系广泛、业务密切的优势，组织大家采购当地的土特农副产品、食品等出口海外，增收创利。

那个时候，正好欧美和日本、新加坡等国的被服工厂为了尽快复产和满足工厂生产所需的原材料，以高价大量收购急需的上等晒干鸭毛。谢易初抢得先机，率先收购了一批450担（22.5吨）上等品质的纯干鸭毛，第一时间出口到海外，大获成功，随后连续经营了几批，获利甚丰，一举扭转了正大庄因战争带来的困难局面，成为一个新的转折点。

在谢易初领导下，经过一番艰辛而充满谋略和智慧的拼搏，正大庄很快抚平了战争带来的创伤，不仅经营业绩再创新高，而且业务范围和规模都还在继续扩大，经营了20多年的正大庄种籽行重新焕发了活力，蓬蓬勃勃地踏上了新的发展之路。

# 第三章
# 回乡兴业，践行以人为本

# 第三章　回乡兴业，践行以人为本

## 一、回到澄海，开办私人农场

第二次世界大战期间，由于日本侵略军的入侵，中国与东南亚之间的海运不通，来自中国大陆的菜籽货源被切断。而在泰国和南洋一带所种植的华南蔬菜，因气候、水土的不同和当时科技手段的局限，菜籽品种不断退化、变异，种出来的菜不但产量下降，品种也越来越不纯正，口感更是越来越不好。

在南洋一带种植华南蔬菜造成品种和品质不断退化和变异的这一现实，激发了谢易初回到家乡研究蔬菜种子的改良和育种技术的决心。

因此，抗战胜利后，谢易初几次回到中国故乡汕头市澄海县，采购优质种子，运往泰国正大庄销售，同时筹办开设育种农场。

1946 年，谢易初把泰国的正大庄业务委托三弟谢少飞掌管，自己踏上了返回故乡澄海的旅途。

他此行回乡，一是看望因战争阻隔而多年未见的母亲和其他亲朋。真是劫后沧桑，恍若隔世。看到家中房屋多年失修，他为母亲修葺了房屋，安顿好母亲的生活；与此同时，他在亲戚的协助下，收购本地优良菜籽，疏通出口渠道，出口到泰国等海外市场，并组织开展蔬菜良种的栽培繁殖。

由于战争的摧残，经济倒退，农业颓废，民不聊生，他收购的菜籽数量少、质量差，遂于外砂乡租赁了村民 40 余亩土地，创办了育种农场，招收场工，开展蔬菜种子的栽培繁育。据王浩真整理的谢易初蔬菜种子培育科研成果材料《早花椰菜栽培浅说》中记载，1946 年谢易初即在澄海外砂乡种植他从泰国正大庄带回来的早花椰菜品种，而这个品种是谢易初 1936 年从印度引进到泰国试种成功的，是泰国正大庄经营的一个十分成熟的蔬菜品种。辛勤付出终获成功，谢易初在家乡种植的质量优良的菜籽，源源不断地出口到泰国正大庄销售。1947 年春天，他再赴泰国。

到了 1948 年，谢易初再次携资返回澄海家乡，通过租赁，把原来 40 多亩的农场扩大到了一个占地 100 多亩、场员达到几十人的蔬菜良种实验农场，以规模化的生产模式，主要生产芥菜、白菜、早花椰菜、早晚萝卜，以及其他蔬菜水果种子。

经过多年的奋斗，他终于在家乡他的私人农场提纯、改良、选育了一批适合潮汕当地种植的蔬菜瓜果良种。这为新中国成立后他任职白沙农场副场长，为国家作出贡献打下了科研成果的基础。

## 二、在汕头开办光大庄种籽行

1946年，谢易初回到家乡期间，他除了开办私人农场进行蔬菜良种的栽培和育种研发并获得成功之外，还在亲戚的帮助下，在现在汕头市龙湖区新溪街道老市巷开设了一处“光大庄”种子销售铺面，经销和收购优质种子。

同时，他把位于汕头市内五福路自家房产楼下临街的铺面，作为“光大庄”的办事处，用于蔬菜种子的存储和周转，经营优质菜种，主要是出口到曼谷的正大庄种籽行销售，以及出口给东南亚其他国家和地区的海外客商销售。谢易初晚年回忆到这段难忘的创业史时说：“公元1949年祖国解放，为符合政令，即创光大庄于汕头，经营种子远销国内外。光大庄品种亦获各方赏识。”即是指1949年汕头解放后，他响应政府号召，把五福路的光大庄办事处正式挂牌为“光大庄种籽行”，经销优质菜籽于海内外，获得各方好评这件事。

谢易初对中国故乡怀有深深的眷恋和厚爱。他商海捭阖，正义在胸，把在汕头开办的商号命名为“光大庄”，与他在泰国、马来西亚等地开办的“正大庄”相呼应，寓意着在他心中始终坚定的信念——“正大光明”。

新中国成立后，经过1951年的土地改革和1952年的公私合营，谢易初在乡下的农场和在汕头市区的光大庄种籽行等产业，都实行了公私合营。这位闻名家乡的旧中国的华侨资本家兼地主，变成了新中国的无产者，并且成为一名国家干部。

有关“光大庄种籽行”的更多情况，后面再讲。

## 三、以人为本，关爱农场员工

新中国成立前就在谢易初私人农场做工的村民谢平回忆说:“谢先生为人厚道，心地善良，诚挚无私，关心别人。”

谢易初的家庭在他祖父时期比较富裕，但他的父亲染上了吸食鸦片的恶习，造成家境势衰，甚至有的时候连家中的日常生活也接济不上。谢易初 16 岁的时候，他父亲不幸早故，一家人的生活重担更是压在了他和母亲的身上。因谢易初早期经历了这些困苦，所以他对穷人十分同情，对有困难的人更是非常关心。

他发给农场场工的报酬比他们为别人干同等农活所得到的报酬要高出 20% 以上。当时在国民党统治下的旧中国，通货膨胀、货币贬值、物价飞涨，谢易初为了使场工的实际收入不受影响，便改变付给场工劳动报酬的方式，将原来的发钞票改为发大米。每到逢年过节，他还额外送些大米给大家，作为福利补贴，好让大家过好年节。

有的场工因为子女多，或家中有人患病，或发生其他不幸，谢易初都主动给予接济，帮助他们排忧解难，解决他们的基本生活问题。

除了在生活上给予穷人、有困难的人一些适当的照顾之外，他还特别注意言传身教地传授种植技艺，帮助他们学好谋生的本领，让他们能够自力更生地去解决生存中的实际困难。

因此大家都十分感谢他，说：“这样的关心，才是真正的关心。”

谢易初对待来农场做工的农民兄弟都一视同仁，在工作上认真指导，生活上适当照顾。每当场工们挑菜籽送往汕头的“光大庄种籽行”的时候，他总是叮嘱大家要早点上路，天气比较凉爽，回来还能做一些其他事情，考虑问题样样都十分细致，嘱咐得非常具体，很能为大家的健康和工作着想。平日下田劳作，谢易初总是身先士卒，脱掉衣服，赤膊带领大家劳动，因为他是从海外回来的华侨，以至于大家给他起了一个别号叫“赤膊番客”。

# 第四章
# 爱国爱乡，造福桑梓故里

# 第四章　爱国爱乡，造福桑梓故里

## 一、县委书记、县长慧眼识英才

1949 年 10 月 24 日，澄海解放。谢易初当时正在泰国，听到家乡解放的消息后，他即决定返回中国，于 1950 年 3 月 18 日回到家乡，受到澄海县委县政府的欢迎和关怀。

当时有人说他是资本家兼地主，劝他说：“共产党要清算你呢，赶快离开吧。”

然而，澄海县委县政府经过调查后，首任澄海县委书记许士杰和首任澄海县县长余锡渠慧眼识英才，当众宣布：他不是大地主兼资本家，他是一位爱国华侨实业家，又是一位繁育良种和经营种子的专家，是家乡发展农业生产的十分难得的人才。

为此，县委县政府决定，邀请谢易初以爱国华侨代表的身份出席澄海县首届各界人民代表大会，给予谢易初以保护和荣誉。

1950 年 4 月 22 日至 28 日，澄海县首届各界人民代表大会在澄海简师旧址（今城西小学）隆重举行。出席会议的各界代表一共264人，其中选举代表138人、推荐代表98人、邀请代表28人。受邀参加的28位代表中就包括谢易初。首任县长余锡渠作澄海县人民政府6个月来的接管和施政报告，首任县委书记许士杰作澄海县今后方针任务的报告。那时候，新中国、新澄海，真是朝气蓬勃，意气风发，气象一新，奋发向上啊！

谢易初光荣地出席了这次在澄海县历史上具有划时代意义的重要会议，同与会各界代表共商除旧布新、建设家乡的大事。

参加这次盛会，是谢易初人生历程中的一个重要转折点。从此他留在澄海16年，积极投身新中国百废待兴的建设与发展事业中，作出了突出贡献。

在这次会议上，谢易初提出了三项建议：一是禁绝吸毒贩毒；二是成立侨联组织；三是发动群众抗灾救灾。他的这三项建议，都在当年即被澄海县委县政府采纳并落实。在县委县政府领导下，同年7月全县发动各界人士捐钱捐物，支援淮海地区、苏北地区救灾，共计捐款2.7亿元人民币（相当于币制改革后的2.7万元）、衣服1.5万多件；9月21日，县委县政府安排成立了澄海县归国华侨联谊会筹备委员会；9月30日县政府发布了严禁种植和贩卖鸦片的通令，取缔和打击吸毒贩毒活动，旧社会屡禁不止的鸦片烟毒被彻底清除。

1951年1月，澄海县委县政府按照中央和广东省委省政府的统一部署，和全国一道，组织开展了土地改革工作。在县委书记许士杰、县长余锡渠的领导下，澄海县的土地改革工作正确贯彻了中央和广东省委针对华侨地主、华侨资本家“在土改中区别对待”的政策，再次给予谢易初以保护。

1952 年 5 月，澄海县农场正式成立。这是澄海县委县政府为了加强和做好全县农业生产工作，发挥示范引领作用，推广先进的农业生产技术，并开展农作物良种培育等工作，报经汕头地委批准，决定开办的一个地方国营示范农场。县委县政府任命县委委员林派捷兼任农场党支部书记和场长，领军创办。经林派捷场长提议，县委县政府大胆起用作为育种专家、农艺家的华侨实业家谢易初为家乡农业生产建设作贡献，聘请谢易初担任农场技术员，接着又任命谢易初为副场长兼技术员。这一年，谢易初 56 岁。

1952 年 11 月 2 日至 5 日，谢易初出席了澄海县第六届各界人民代表大会。这次大会在澄海中学礼堂隆重举行。出席代表 396 人，其中选举 293 人、推荐 74 人、邀请 29 人。谢易初是受邀请的 29 位代表之一。本届大会收到代表提案 304 件。谢易初在大会上提出了兴修坝头镇水利设施的提案。坝头镇，位于澄海县的东南沿海地带，坝头的耕地是由韩江与大海的冲击而累积沉淀形成的，新中国成立前风起沙扬，水旱灾害频繁发生，农作物常常受旱、淹、咸的侵害，十年的耕作最多三年有收成。谢易初的建议，得到了政府的采纳，不几年就成效显著。1960 年 2 月 22 日，时任白沙农场副场长的谢易初来到比邻的坝头公社，在公社领导的陪同下参观了坝头公社的农田和水利设施，走访了一些公社的社员。当时，坝头公社已经建设完成了340条大小水渠，总长度达到了170华里，建设了一条30华里长的防洪防潮大堤，全社8300亩水田全部自流灌溉，1万亩旱田也有5成可以自流灌溉。谢易初看到这些成果，十分高兴和欣慰，他对公社干部说："祝你们充分运用大好条件，夺取更大丰收。"

澄海县各界人民代表会议从1950年4月到1953年3月，从第一届到第七届，谢易初均作为特邀代表出席了会议，直至1954年6月澄海县召开首届人民代表大会为止。

1953年2月6日至10日，谢易初还以特邀代表的身份，出席了汕头市工商界第一届代表大会。

1954年6月17日至22日，澄海县首届人民代表大会在澄海中学礼堂隆重举行。出席会议的代表300人。本届人民代表大会第二次会议选举林香才、许士鉴、谢易初等21人为首届县人民委员会委员，其中林香才任县长、许士鉴任副县长，自此谢易初成为县领导班子成员之一。

1957年澄海县第二届人民代表大会，1958年澄海县第三届人民代表大会，许士鉴、谢易初继续当选澄海县人民委员会委员，许士鉴连任县长，一直到1959年1月澄海县撤销，并入汕头市为止。

许士鉴1996年撰文《难忘的怀念》纪念谢易初，他深情地写道："1954年到1959年，我在澄海县人民委员会任过副县长、县长职务，易初先生是人民委员会委员，是政府领导班子的成员。实际工作仍然是县示范农场副场长。当年的县长、副县长，主要精力集中在农业生产，故与谢先生关系较为密切。虽然几十年的岁月已经过去，但谢先生的爱国爱乡、忠于职守、兢兢业业、无私奉献和慈祥忠厚、乐于助人的高尚品质，给我留下了难忘的印象。”

从1950年到1966年，16年间，谢易初先后应邀、当选或受命担任澄海县各界人民代表大会代表，澄海县人民代表大会代表，汕头市工商界第一届代表大会代表，澄海县国营农场、国营示范农场和国营白沙农场副场长兼技术员，汕头地区菜籽公司合营副经理，澄海县人民委员会委员，澄海县归国华侨联合会主席，广东省政协委员，广东省侨联委员，全国侨联委员等职。他从一名华侨资本家、华侨地主成了一名国家干部。16年间，谢易初在澄海县无私奉献，兢兢业业地工作，为澄海县的农业经济和农业科研工作作出了重大贡献，为国家作出了突出贡献，直到1966年年初他70周岁的时候，由于胃溃疡病情严重而赴香港手术治疗，其间因“文化大革命”开始而迫不得已未能再返回白沙农场。

澄海县委县政府从首任县委书记许士杰、县长余锡渠，到历任县委书记、县长等领导班子成员，包括曾任县委委员、副县长、农场场长的林派捷，以及先后担任副县长、县长的许士鉴，等等，与谢易初之间互相尊重，互相信任，肝胆相照，真诚合作，友谊深厚。正因为有这样一批十分优秀的共产党领导人，使得谢易初亲身经历和感受到了1949年前后旧、新中国之间的天壤之别，他因此而由衷地拥护中国共产党的领导、拥护人民政府，竭尽全力为新中国的建设和发展作出不懈的努力和无私的奉献。

许士杰，1920年出生，广东省澄海县人。1938年参加青年抗敌同志会，同年加入中国共产党，参加敌后抗日武装小组打击日伪势力。解放战争期间任韩江纵队第十四团团政委、中共潮安县委副书记等职。新中国成立后，担任中共澄海县委第一任书记。曾任广东省委常委、广州市委书记等职，在任期间，于1986年名列《南风窗》杂志评选出的广州市“十大杰出公仆”榜首。1987年，在中央领导下，受命主持筹建海南省，并出任海南建省后第一任省委书记、省人大常委会主任。为世人留下《风雨吟》等诗集，以及《从实际出发》等著作。1991年，因病逝世，终年71岁。

许士杰，曾任中共澄海县委首任县委书记，中共海南省委首任省委书记。（照片扫描自《怀念许士杰》）

余锡渠，1917年出生于广东省澄海县，1938年投身抗日运动，1939年加入中国共产党。1949年10月，余锡渠受命以边纵代表的身份同国民党军驻澄海地区的团长陈汉英进行谈判，几经接洽终获成功，10月23日陈汉英宣布率部起义，10月24日澄海县全境解放，余锡渠率队入城做好接管工作。10月25日余锡渠被上级任命为澄海县解放后第一任县长。后任中共汕头地委书记处书记、广东省农业厅副厅长等职。在澄海工作期间，每年有三分之二时间下乡，走遍澄海县的每个村落，在人民群众中有“赤脚县长”的美誉。1963年，《红旗》杂志发表文章介绍他的先进事迹；广东省委和汕头地委先后作出决定，在全省、全区开展学习模范共产党员余锡渠事迹活动。著作有《余锡渠戏剧诗歌选》。1968年在“文革”中含冤逝世于广州，终年51岁，令人痛惜。

1953年春节，澄海县委9名委员合影，后排右一为县长余锡渠，左一为县委书记许士杰。（照片由余锡渠家人通过澄海区委统战部陈镇锋提供）

许士鉴，1928 年出生于澄海，在共产党人、胞兄许士杰的影响和带领下，1944 年参加广东人民抗日游击队韩江纵队，1945 年加入中国共产党。新中国成立后，先任澄海县隆都区区长，1954 年起担任澄海县副县长、县长等职，1974 年后担任广东省农业厅副厅长、厅长等职。

## 二、农业部传达“这是中央的意见”

1958 年年初，农业部种子管理局刘定安局长带队来到澄海白沙农场考察工作。当时，谢易初正好在这一段时间赴香港治疗胃病，随后又去了泰国探亲、办事，不在农场。

林派捷场长主持接待了刘定安局长一行，并指派以青年科技干部曾树创为主进行汇报，曾树创重点汇报了 1952 年农场的创立和 6 年以来的发展情况，其中有一部分详细汇报了谢易初在农场主持领导的科研和技术工作取得的成绩，以及谢易初所发挥的重要作用和他爱国爱乡、大公无私的感人事迹。

刘定安局长听得十分仔细，亲自作了笔记。汇报结束后，他动情地说：“谢老是难得的宝贵人才，是我们国家的财富，我回去后一定向中央领导汇报。他的事迹，我听后很受感动，希望你们青年人要好好向谢老学习，做个有益于人民的人。”

当年 12 月中旬，中央在北京召开了全国农业生产先进单位代表大会。会议期间刘定安局长专门会晤了前来北京参加大会的澄海白沙农场会议代表曾树创。

一见面，刘局长就急切地向曾树创打问谢易初的情况，他说："小曾，我知道你来参加会议，我急于找你，想知道谢老出国回来了没有？"在听到谢易初已经回到澄海白沙农场的答复后，他接着说："谢老很爱国，我来见你，就是要谈谢老的事，我想假如谢老未回来，你们全场签名请他回来。现在已经回来了，很好。请你转告场长，说中央很关心谢老这样的人才，中央要求你们上上下下的人都要尊敬谢老，这是中央的意见。还有一个意见，你带回去告诉你们的县委书记，说林派捷同志到中央干校学习回去后，要派他去农场当书记，就不再当县长了。他在农场当书记，一是可以把农场办好，二是能更好地发挥谢老的作用。"曾树创回到澄海后，把刘定安局长传达的中央的意见一一向县委县政府报告，不久林派捷即辞去澄海县副县长的职务，又回到了白沙农场工作，再度被县委县政府任命为白沙农场党委书记、白沙农场场长。

刘定安局长传达的"中央的意见"，充分体现了中央对谢易初的重视和关怀，对白沙农场的重视和关心。

新中国成立初期的20世纪五六十年代，是新旧社会发生剧烈变化的一个激烈的过渡时期，国际的、政治的、经济的、文化的、阶层的等各种新旧矛盾突出而尖锐。为了巩固新生的共和国政权、探索前无古人的中国社会主义新发展道路，在毛主席、党中央的领导下，中国人民以大无畏的精神，克服重重艰难困苦，披荆斩棘，奋勇前进，取得了新中国成立后举世瞩目的伟大成就。昔日一穷二白、贫苦落后、一盘散沙、半封建半殖民地的旧中国，脱胎换骨、凤凰涅槃般地跃变成一个伟大的新中国，一扫鸦片战争以来的百年颓势和耻辱，昂首屹立于世界的东方。但是，这期间的政治运动也频繁接踵而来。在历次政治运动中，坏人得到了惩治，同时也很遗憾而痛心地伤害了不少好人。

谢易初作为一名归国侨领，华侨资本家、华侨地主，16 年来能够平平安安、全心全意地在澄海从事他所熟悉的育种科研和园艺种植事业，为国家和地方经济的发展作出重大贡献，这毫无疑问得益于党中央和中央政府保护归国华侨、做好统一战线工作的各项正确方针和政策，得益于中央通过农业部对谢易初的重视和关怀、关心。

然而，毋庸置疑，事在人为，再好的政策都要靠人来执行、来落实，都要通过优秀的领导人来体现，澄海县委县政府的历任领导班子成员就是这样一批优秀的共产党领导人，他们具有优秀的政治素质和领导水平，尤其以澄海县委第一任书记许士杰，县政府第一任县长余锡渠，以及县委委员、副县长、白沙农场党委书记兼场长林派捷等为杰出代表，他们慧眼识英才，大胆任用，无微不至地关心和照顾育种专家谢易初，为他提供安静、和顺的科研平台和环境，彰显了许士杰书记、余锡渠县长、林派捷场长等领导者的远见卓识、超凡的领导才干和高超的政策水平。

此后的历任澄海县委县政府的领导班子成员，都继承了这一正确的党的优良传统和作风。

## 三、参与创办和领导澄海农场、白沙农场

1952 年 5 月，澄海县委县政府决定在冠山建立地方国营澄海县农场，谢易初受聘担任农场技术员，接着又被县委县政府任命为农场副场长兼技术员，是最早参与农场创办的领导人之一。他随身带了一个简便的铺盖和一批珍藏家中的蔬菜种子，和场长林派捷一起住进了冠山石佛寺里的一间简陋的小禅房，白手起家，开启了澄海农场辉煌的发展历程。

当年，新中国成立不过两三年，建设国家的任务十分繁重，而财力物力又缺乏，因此国家为了把有限的资源集中到一些急需的事业或项目上，按轻重缓急对部分项目进行调整，其中一些项目不得不下马。

1952 年冬天，场部设在冠山、刚刚组建不久的国营澄海农场，全场仅有 144 亩土地和一口大鱼塘，分布在冠山四周；全体人员只有 29 人，其中干部 4 人、技术员 2 人、耕作工人 17 人、畜牧养殖 3 人、养鱼 3 人。由于农场的规模只有 144 亩土地，达不到国家关于县级国营农场需拥有不少于 300 亩土地的标准，而被上级列为下马项目，同时停止拨款，政府不再予以投资。

场长林派捷参加了澄海县委的会议，县委书记许士杰要求农场自力更生，暂时从国营农场转换体制为集体所有制，自筹资金继续办下去。他说：“农场不但不能散伙，我们还要想办法办下去，办成指导全县农业生产的火车头！”并说：“现在，希望你们和职工商量，走群众路线，靠自力更生，解决暂时的困难！”

在林派捷场长传达县委县政府决定的会议上，职工们纷

纷表示愿意白手起家、自给自足、大干一场。谢易初在会上发言，向林派捷场长提出建议："广种菜籽，培育良种供应市场，以增加收入，共渡难关"，并说："菜籽收成快，盈利多，只要大家团结一致，齐心协力，暂时的困难是可以解决的。"他的建议得到林派捷场长和全场干部职工的一致赞同和支持。

为此，谢易初无私地为农场奉献出他花费了十几年心血得到的科研成果——"花椰菜"，帮助农场渡过难关。

谢易初带领农场职工，在原"花椰菜"种子的基础上，半年内先后培育出早花椰菜 6 号和早花椰菜 11 号，一时间畅销海内外，为农场挣得了一笔可观的收入，使得农场起死回生，在半年内渡过了难关，开始为半年没有领到工资的职工们重新发放工资。农场不但没有下马，而且快马扬鞭，迅速发展壮大起来。

在农场半年没有为职工发工资的情况下，谢易初还个人掏腰包，帮助个别生活特别困难的农场职工渡过难关。

在谢易初的科研成果中，有四个蔬菜品种入选 1959 年 3 月由中国农业科学院编、农业出版社出版的《中国蔬菜优良品种》，其中就包括了澄海早花椰菜 6 号、澄海早花椰菜 11 号，另外还有两个入选的品种是交配早萝卜、马耳萝卜。这些品种，在 20 世纪五六十年代就推广到了福建同安、浙江温州一带，后逐步推广到全国各地，目前仍然有很多地方在种植。并且一直畅销东南亚一带，包括越南、柬埔寨等国家，至今还从中国引进，在当地推广种植。

1959 年 3 月，中国农业科学院编、农业出版社出版的《中国蔬菜优良品种》，收录了谢易初研发的四个蔬菜品种科研成果。（照片由薛增一拍摄）

在林派捷场长、谢易初副场长的领导下，澄海农场全场职工齐心协力抓科研、搞生产，艰苦努力，使农场顺利完成了转制，站稳了脚跟，并由此开端，不断地发展壮大，从 1952 年的地方国营澄海农场，再到 1953 年的县示范农场，再到 1957 年国营白沙农场；场址从一开始的冠山，到后来迁到埔美，最后迁到白沙。农场的每一次迁址、每一次扩大、每一次更名，每一次更换招牌，都饱含有谢易初的辛勤汗水和心血，都留下了他无私而重大贡献的足迹。

白沙农场副场长谢平回忆：“1954 年我们农场发展蔬菜种

子，跟谢易初同志关系非常大。他在冠山农场时（1952年）就跟‘大兄’（指林派捷场长）提出来搞一些经济作物，就是种菜籽。当时在冠山农场就由谢易初同志在海外引进一些，比如大菜籽、花椰菜籽、萝卜籽等品种到农场繁殖。”

1990年，在澄海县召开的全县农业科技工作会议上，当人们回想起白沙农场走过的这段难忘的历史时，与会的代表们说：“当时谢易初先生的这一建议，其意义远不止于使农场不至下马，更重要的还在于为今后开辟示范农场，合并白沙农场，建立蔬菜、禽畜研究所，打下了一个良好的基础。”

可以说，正是因为谢易初的建议，改变了澄海农场、白沙农场的发展方向。特别是这个改变后的方向，被后来的发展成就证明是十分正确的。

谢易初的名字永远与“澄海农场”“白沙农场”连在了一起。

据悉，白沙农场的开发始于1955年，这一年澄海县示范农场在白沙埔创建了分场，试种了100多亩地的萝卜。而当时澄海县示范农场的场部已经从冠山迁到了埔美。那个时候，白沙埔还是一个地处韩江入海口沙洲上的一片数千亩无人问津的沙地荒滩，由于旧中国战乱频仍、社会动荡，人民群众流离失所，在沙地荒滩上留下了很多无主的坟墓，使得这里成为一片乱坟岗。经过全场干部、科技人员、职工群众几年的艰苦奋斗，荒漠坟滩被开发成一个占地2000亩左右，满目绿洲、美丽富饶的国营农场。澄海县示范农场即于1957年把场部迁址过来，与白沙分场合并，从此被县委县政府正式命名为国营白沙农场，并成为广东省农业厅的直接联系单位。

## 四、冬熟西瓜，反季节蔬果先行者

除了育种科研，谢易初还在种植技术上下功夫。

中国是一个延续了几千年的农业大国，祖祖辈辈传承的是春耕秋收的农业生产规律。

西瓜是人们普遍喜爱的一种传统的夏令瓜果。谢易初从泰国正大庄引进两个各有优势的良种西瓜，在农场研发杂交西瓜新品种。经过几年的实验，他培育出了优质、高产、耐运输、适应性强的“澄育一号”西瓜。

传统的西瓜作物都是春种夏熟，最多延续到秋初。1958年夏日的一天，全国侨务委员会主任方方来到白沙农场，品尝到谢易初从泰国正大庄引种到农场培育出来的“澄育一号”西瓜，赞不绝口，当场提出能不能送一些西瓜到北京，向周总理报喜。但是农场收获的西瓜已经被抢购一空。谢易初因此受到启发，他想，西瓜能不能夏天种、冬天熟呢?

说干就干。8月的天，谢易初冒着艳阳高照的暑热，带领团队种了3亩地的西瓜。经过精心的管理和养护，到了11月至12月的时候，脆爽甘甜的反季节西瓜种植实验大获成功，平均每个西瓜重量达到15公斤，最大的西瓜重量高达25公斤。

1958年12月25日至1959年1月1日，国家在北京召开了全国农业社会主义建设先进单位代表大会，澄海县的国营白沙农场光荣地获得“全国农业生产先进单位”荣誉称号，选派曾树创等代表赴北京参加这一盛会，农场派专人随同会议代表一道选送了3000斤白沙农场生产的冬熟西瓜到北京，送进了中南海给毛主席、周总理等中央领导人品尝，其中的一部分，参加了大会组织的全国农业战线成果展。白沙农场的冬熟西瓜，还有狮头鹅等优质新品种的展出，引起了极大的轰动，为白沙农场扬名全国争光加彩、锦上添花。

谢易初的学生之一曾树创，高级农艺师，曾任澄海县农科所所长。在谢易初的指导下培育出千粒穗、铁骨矮、赤快矮等13个矮干、丰产、多抗的水稻品种，荣获全国农业先进科技工作者，得到广东省和国务院奖励。这是拍摄于1959年的曾树创（中间右侧）向澄海县报喜的工作照，报喜牌上写道：“水稻 澄海千粒种 每穗：1738粒 每株：21穗”。（照片由曾树创家人通过澄海区委统战部陈镇锋提供）

当年的全国侨务委员会主任方方在接见参加会议的代表时，对来自白沙农场的全国农业先进科技工作者代表曾树创说：“谢老培育的冬熟西瓜已送到中央来了，部委办领导每人分到一个，太珍贵了！你看，今天零下16度，还有新成熟的西瓜，我们部委办的许多人都舍不得吃，拿去送给周总理，周总理客人多，可多招待客人。”

更令人鼓舞的是，1959年初，有一天，汕头地委传达了毛主席办公室给白沙农场的感谢电，电文说：“感谢澄海农场工人培育成功优质丰产大西瓜。”一时间，澄海农场的职工各个心花怒放，兴高采烈，大家纷纷为谢易初的科研成果叫好，向谢易初表示祝贺。

不久，农业部又专门打电话到白沙农场说：“感谢白沙农场，感谢谢易初老人，毛主席、周总理都尝到了冬季西瓜，称赞你们的西瓜好。周总理还用冬季西瓜招待了外国驻华使节，他们都一致称好！”

农业部种子局的刘定安局长也特别让曾树创捎来话，感谢谢易初老人为国家作出的贡献。

谢易初培育和种植成功的冬熟西瓜，不就是现代“反季节蔬菜”“反季节瓜果”的排头兵、先行者吗？

就是在这次全国农业社会主义建设先进单位代表大会上，澄海白沙农场获得了周恩来总理亲笔签发的“奖给农业社会主义建设先进单位广东省澄海县农场”的“国务院奖状”的殊荣。这份光辉的历史文献，时至今日还完好地保存且高高地悬挂在白沙农场的继承者之一汕头市白沙蔬菜原种研究所科研和办公大楼三楼的大会议室主墙上。虽然这张奖状的纸张已经陈旧，但历久弥新的风姿依旧光彩照人。白沙农场的继承者，今天还有汕头市白沙禽畜原种研究所。

敬爱的周恩来总理亲笔签发的“国务院奖状——奖给农业社会主义建设先进单位广东省澄海县农场”。（照片由薛增一在参观汕头市白沙蔬菜原种研究所时拍摄）

冬熟西瓜的栽培成功，为西瓜生产开辟了一个崭新的领域，使冬季市场上出现了一个新的瓜果品种，为民众在冬季增添了品尝夏季农产品的生活情趣。

1959 年，由谢易初口述、广东省农业科学院柑橘研究所副所长王浩真副研究员执笔，将谢易初冬熟西瓜的科研成果整理成一篇题为《西瓜冬熟栽培经验介绍》的文章，全文刊载在1959年6月16日出版的农业部主办的《中国果树》杂志1959年第3期上。这本珍贵的历史文献是笔者2021年7月请同事张丁辰在网上淘买到的，文中说：“广东汕头市郊澄海白沙农场冬熟西瓜，品质优良。1958年冬，曾得到国家领导的好评，引起各地生产部门的重视。在同一时期内，有十二个省份向该场要求供应种子，大大提高了今后冬熟西瓜的生产意义和经济作用。特介绍其栽培经验，以供参考。澄海白沙农场冬熟西瓜，是由谢易初先生用授粉杂交培育得来的优良品种。”

·30·　中国果树

西瓜冬熟栽培經驗介紹

华南农业科学研究所 王浩真

一、引言

二、品种特性

三、栽培技术

刊载于《中国果树》杂志1959年第3期，由林派捷组织、谢易初口述、王浩真整理的《西瓜冬熟栽培经验介绍》，其中特别说明“澄海白沙农场冬熟西瓜，是由谢易初先生用授粉杂交培育得来的优良品种”。（照片由薛增一拍摄）

## 五、秋菊夏开，满园繁花添新秀

“秋菊夏开”，是谢易初科研的一个菊花新品种。谢易初喜爱菊花，他对菊花的品种和栽培颇有研究。

谢易初做事认真，钻研精神强，科研细致、较真。在开发“秋菊夏开”的新品种时，他坚信“事在人为，物在人变，花在人栽”。他通过借阅和托人购买，收集、查阅并研读了中国宋代刘蒙的《菊谱》、明代黄省曾的《艺菊书》、清代陆廷灿的《艺菊志》；泰国的《菊枝》、法国的《菊全》、英国的《菊典》等40多本有关菊花品种和栽培的书籍，20多本有关植物遗传、变异的书籍，他通过理论与实际相结合的栽培实践，不断总结和摸索，终于研究出了一套全新、成熟的“秋菊夏开”栽培技术。

谢易初欣赏他亲手培育的秋菊夏开。（照片由澄海华侨中学提供）

1962年农历五月初五端午节期间，在白沙农场的宿舍区，举办了本来只能在秋季盛开的菊花展。“秋菊夏开”，一下子在当地引起了极大的轰动，参观者络绎不绝，赞不绝口。当年在汕头市担任副书记的吴南生，著名潮剧表演艺术家姚璇秋，《汕头日报》社记者、文艺副刊部主任王细级等众多领导、学者、记者等，也前来参观、欣赏，《汕头日报》

还发表文章予以盛赞。

这一年，谢易初为了给澄海县举办的端午节龙舟赛增添欢乐气氛，还把他在自己家中栽培的黄、白两种菊花数十盆，提供给龙舟赛的主办单位，摆放在举办龙舟赛的主场地，让人们观赏，引得汕头市民纷至沓来，一片惊赞！

## 六、推广种植技术，为菜农、果农谋福利

20 世纪 50 年代初期，谢易初从国外引进西红柿这一新的品种到澄海县农场培植，并在潮汕地区推广。当时潮汕地区的农民还不懂得种植西红柿，只要菜农上门请教，他都毫无保留地把这种蔬菜的种植技术和田间管理方法仔细地传授给他们。应各县农业部门的邀请，他还经常到潮汕各地去作报告，深入田间，传授种植技术。在他的推动下，不到几年，整个潮汕地区，特别是整个澄海县，种植西红柿已经十分普遍了，产量也很高。谢易初是潮汕地区引进种植西红柿第一人。

谢易初除了在研究和培育蔬菜种子方面有突出的成就和丰富的实际经验之外，对研究和培育果树也有独到的心得。

1955 年，潮汕地区的柑橘普遍发生了“黄种病”，许多农业专家都主张把全区的柑橘拔除，另栽新种。但是谢易初坚决不同意这样做。他认为，这样做柑农的损失惨重，而另栽新种后也不能保证不再发生“黄种病”，且这样做会使得潮汕地区的柑橘脱产三四年，会给地方经济和广大果农造成重大的损失和影响。为此，他特别提出了防治“黄种病”的具体意见和措施，被政府采纳、推广，组织领导广大柑农对“黄种病”进行

救治。结果，这一年被认为因患了“黄种病”而“无法救治”的潮汕地区的柑橘终于得救了，为柑农挽回了重大损失，为稳定地方经济作出了贡献。

旧社会的果农，由于没有文化，缺乏科学知识，一代代传授下来的认知很多是表象的，有的认知还十分原始和落后。荔枝、龙眼，是潮汕地区种植的主要经济果树品种。但是人们局限于荔枝、龙眼只能一年多结果、一年少结果，甚至一年不结果的表象、肤浅的认知和经验，认为这是老祖宗传下来的、不可改变的客观规律。谢易初爱琢磨、爱钻研，当他看到农场周边的果农种植的荔枝、龙眼出现这一现象时，他不放过，一有空，他便来到农场附近的果农身边，向他们了解情况，为他们讲解荔枝、龙眼之所以出现这种情况，是因为缺乏种植知识、管理不当、施肥不足、没有修剪残旧枝而影响新枝生长等原因造成的。果农们按照谢易初的指导方法，进行改进，使那些年生年停，一边生一边不生，或者一年多产一年少产的荔枝树、龙眼树，变成了年年生、全面生，大大提高了荔枝、龙眼的产量，年年获得好收成，使得荔枝、龙眼这两种潮汕地区重要的经济果树为造福果农、繁荣地方经济持续作出贡献。

## 七、积极引进，发展壮大养鸡事业

在白沙农场，谢易初把他的科学实验由农作物育种，进一步扩展到家禽育种。

20 世纪 50 年代末到 60 年代初，正是世界养鸡业大发展的时期。在国外，工业化养鸡业开始起步，从家庭化的庭院养殖，发展到工业化的大规模饲养；鸡的育种研究也拓展到遗传育种、杂交育种；以及工业饲料加工，从饲料营养，到饲料生产技术的研究与应用，都取得了重大进步。

正大集团从 1953 年在曼谷郊区设立第一座工业饲料加工厂开始，进入 20 世纪 60 年代中叶的时候，其工业饲料业和工业化养鸡业在泰国和东南亚地区已经取得了巨大的成就。

在白沙农场任技术副场长的谢易初，借助泰国正大集团在泰国和中国香港、中国台湾等地的优势和有利条件，以及正大集团与美国之间的经济技术合作渠道，和林派捷场长一起，经报请上级批准，1962 年至 1963 年间，白沙农场多次从国外引进优良的种鸡、种蛋。

其中从国外引进了一批被称为“来航鸡”的蛋鸡优良种蛋，包括从香港转口贸易引进的美国白来帆蛋鸡，是当时国际上最先进的优良蛋鸡品种，其特点是种鸡的体型小而产蛋多。这批鸡在白沙农场与本地优良蛋鸡品种杂交后，培育出了“白沙白来帆蛋鸡”。半年试验期结束后，平均每只鸡产蛋 210 枚，全年生产鸡蛋最少可达到 300 枚，饲养性能稳定，经济实惠，很适合在国内推广养殖。

20 世纪 60 年代初，谢易初还将泰国正大集团的一部“出壳鸡雏雌雄鉴别器”赠送给白沙农场。这是当时国际上检测鸡雏性别的最先进的仪器，全国范围内少有，甚至是绝无仅有。

与此同时，他还从泰国正大集团进口来一批正大集团饲料厂生产的全价饲料赠送给白沙农场做饲养试验用。

他就是以这样的实际行动，来大力引导、扶持白沙农场的养鸡事业。

正当白沙农场的养鸡事业在谢易初的领导和帮助下，刚刚开始起步、逐步发展起来的关键时候，“文化大革命”开始了，谢易初也因去香港治疗胃病而没能再回到他十分热爱和工作奉献了十余年的白沙农场，实在令人惋惜！

## 八、出口美国，白沙白龙鸡赚外汇

这一时期，白沙农场还从中国香港转口贸易引进了美国的白洛克、白尼康肉鸡品种，因为引进时缺乏资料，不知道它在美国的名字，白沙农场就笼统地称之为“好食种”。

在谢易初的领导下，用白洛克、白尼康肉鸡品种与当地优良的东江“隆岗鸡”肉鸡品种杂交，成功地研育出了体型硕大的白沙“隆岗鸡”，后来取谐音正式命名为白沙“白龙鸡”。这种新品种的肉鸡，蛋壳呈褐色；孵化出来的小鸡苗呈红黄色羽毛；长大了的母鸡全身黄羽，而尾羽呈黑色；公鸡则全身红羽，尾羽也呈黑色，但黑色的尾羽中必有一根带有白斑；其遗传性能、生产性能都已经十分稳定，科研的新成果大获成功。更为重要的是，这种新培育出来的白沙白龙肉鸡，体形硕大，最大的一只体重达到了 7 公斤左右，而且肉质特优，经济价值可观，与当时广东省内普遍养殖用于出口的广东传统黄羽肉鸡相比，更为优越。白沙“白龙鸡”，在白沙农场的外贸养鸡场饲养出栏以后，一批一批地从香港转口贸易卖到了美国，为国家赚取了丰厚的外汇。

据资料介绍说，当年白沙“白龙鸡”由澄海县外贸部门通过香港转口贸易卖到美国后，受到美国市场的青睐。其中有两道与白沙“白龙鸡”有关的菜，在美国洛杉矶的中国餐馆大受欢迎，而且售价不菲。一道是用16枚白沙“白龙鸡”的公鸡睾丸，配上虾腩、鱿鱼，做成一盘可以大补元气的高档菜，每盘的售价为150美元；还有一道是选用20只白沙“白龙鸡”硕大肥嫩的鸡脚，做成一盘“仿熊掌”的高档菜，每盘的售价为160美元。

谢易初主持培育的新品蛋鸡、新品肉鸡成功后，来白沙农场争购蛋鸡雏、肉鸡雏的养殖单位和农民个体成群结队，为增加养殖单位和农民的收入、改善群众生活作出了贡献。

## 九、指导研发澄海系狮头鹅

狮头鹅是汕头市的地标性物产，是我国唯一的大体型鹅种，也是世界上体型最大的鹅种之一，一只鹅的体重一般在10～12公斤。原产地是潮州市饶平县浮滨乡，现在主产区分布在汕头市境内。

此品种的鹅，羽毛呈灰褐色或银灰色，腹部为白色，因其头部顶端和两侧有较大的黑色肉冠瘤，形似狮头，加之体格硕大，威武雄壮，故汕头民间称其为“狮头鹅”。

1956年国营澄海示范农场建立了狮头鹅原种场，1957年广东省农业厅在此基础上建立了“广东省澄海鹅种场”。在谢易初的主持和关怀下，由唐述尧等骨干畜牧技术人员为主，承担了澄海狮头鹅的保种、培育和推广工作，选育出的“澄海系狮头鹅”，体大、肉多、生长快，最大的可达18公斤。自培育成功之后，每年都有 1.4 万只鹅苗供应给全国各地。特别是根据谢易初的建议，白沙农场的鹅种场从当地优良狮头鹅中精心分离出一批白色狮头鹅，培育成功了“白色狮头鹅”这一新品种。

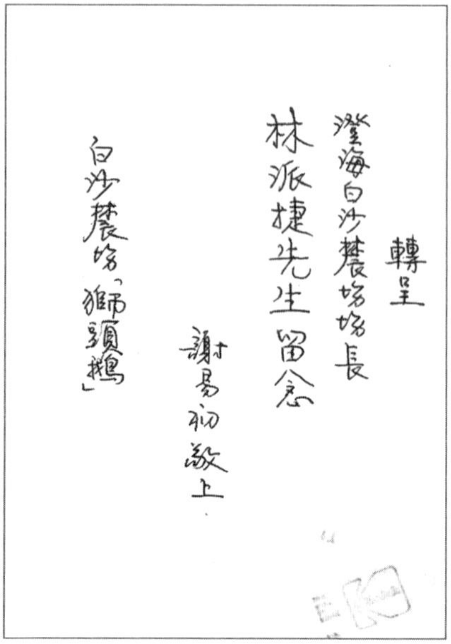


谢易初（照片左侧站立者）与林派捷（照片上方右三站立者）在狮头鹅育种现场留影。照片背面的文字为谢易初手迹。（照片由林派捷的孙子林戈、林戟提供）

谢易初参与领导研发的汕头本地特色禽畜品种——狮头鹅，至今仍然是白沙禽畜原种研究所保留的重要科研项目之一，2008 年经农业部考核验收，白沙禽畜原种研究所的狮头鹅原种场被授予《国家级狮头鹅保种场》。谢易初为此作出了不可磨灭的重大贡献。

我们来看一看当年在汕头地委工作、后来曾担任广东省委宣传部副部长的李雪光 1996 年的时候回忆的一段往事：

谢易初先生离开我们十多年了，但每次谈到谢先生，他那慈祥诚朴的音容笑貌就在我们脑海中浮现。他确是一个和蔼可亲、勤劳积极、勇于创新、热爱科研工作的前辈。我认识谢先生是在解放初的五十年代，那时我在汕头地委工作，谢先生在澄海白沙农场搞科学实验工作。由于他一心一意地努力经营，把白沙农场办得十分出色，在潮汕地区应是数一数二的。白沙农场是我们地委直接的联系点，因此我们和白沙农场的谢老有来有往，有时我们请谢老来地委办公室介绍农场的做法和经验，有时他也请我们到农场去参观，提提意见、开开座谈会。总之，农场和我们的关系是十分密切的。

在谢老的主持下，白沙农场生气勃勃，各项生产迅速发展，科研工作也出了不少成果。如对无核西瓜的实验，冬天西瓜的培植，各式各样的良种，繁殖培育，包括澄海著名的狮头鹅等。

有一次，我带着两个儿子到白沙农场参观。谢易初先生知道我们要去，他一大早便在门外等候，看见我们来了便笑眯眯地说："欢迎！欢迎！"他摸着小孩子的头说："这两个孩子长得很活泼，请快快坐下来，我请你们尝一尝澄海出名的特产，油麻箔，然后再食农场的土产西瓜。"孩子们接过油麻箔说了声"谢谢伯伯"，就跑到接待室外面去玩了。东看看西望望，摸一摸结在藤上的西瓜，大的有十多斤重，逗一逗有半人多高的狮头鹅，心里乐开了，觉得白沙农场太美了，谢伯伯太好了。这时，我问孩子们：“你们就留下来不回去了，和谢伯伯一起搞科学研究，搞各式各样的试验，好吗？”孩子们挺干脆地回答：“你留下我们就留下！”逗得谢易初先生也哈哈大笑起来。中午，我们就被谢老留在白沙农场做客。

这一段亲历者40年后的美好回忆，为我们勾勒出谢易初在白沙农场领导和主持培育蔬菜瓜果和畜禽新品种等各项科研工作的生动画面，无比真切、感人！

林派捷和唐述尧编著的《狮头鹅饲养法》。（照片由薛增一拍摄）

1957年10月，中央新闻纪录电影制片厂从北京来白沙农场，拍摄了澄海狮头鹅的专题纪录片。

1959年12月，农业出版社出版了白沙农场场长林派捷、高级畜牧兽医师唐述尧联合署名编著的《狮头鹅饲养法》，对白沙农场科学育种狮头鹅进行了系统、全面的总结，并向全国介绍、推广。

## 十、正确使用渲桶，精心培育良种

谢易初工作认真，科学严谨。他在工作之前，总是先向大家讲清楚当天工作的内容是什么，要怎么样做才能做好，工作步骤讲得清，操作技术讲得明，大家心中有底，准备工作充分，做起工作来有条不紊，循序渐进，顺利完工，达成预期的效果。

渲桶，是菜农常用于给在田地里生长的蔬菜浇水的一种在桶上安装有淋喷头的浇水工具，使用时菜农挑着两个渲桶，在菜地里一边走一边给蔬菜浇水。

在育种试验田里，菜苗成长之后，谢易初对各类育种的分类、分区管理极为严格。职工们挑着渲桶为开花的蔬菜浇水，他要求大家每浇完一个区块必须换一个渲桶。因为在浇水的时候，渲桶的淋喷头会与菜花接触，容易把这一区块的花粉带到另一个区块去，无意中起到了杂交传粉的作用。为使良种保持纯正，不致杂交，在操作中要设法避免或减少传粉的机会。这样做，品种更不会变异，使实验不受影响，获得纯正的菜种。

他讲的道理浅显易懂，实用有效，而且亲自示范传授技艺，职工们一听就明白了，一看就理解了，因此大家都十分佩服他、爱戴他。

## 十一、农民都敬佩地称他为“谢技师”

谢易初乐于助人，他对农场的职工是如此，对农场周边的农民也是如此。

20 世纪 50 年代初，国营澄海农场刚成立不久，场部设在冠山。有一年，场部周边农民的水稻发生了稻热病，农民们束手无策。谢易初知道了，便教农民配药喷杀病菌。其中有一位农民叫蔡老二，家里的稻田得了稻热病，不知道怎么办好，十分着急，谢易初就手把手地教他用石灰配硫酸铜，配制出石硫合剂，用以喷杀稻热病菌。他把周边的农民和农场的职工都召集到现场，由他在田头给大家示范，传授科学知识。

他教给大家一个简便的方法来检测配出的石硫合剂是否合格：先拿出一把小刀，磨去上面的锈迹，擦拭干净，然后把小刀插入配好的石硫合剂，仔细观察，看小刀在石硫合剂中是否生锈；如果生锈证明不合格，必须减少石灰或硫酸铜，直至配到小刀插入后不再生锈，才为合格。之后就可以用来喷洒到稻田里，既杀灭了稻热病菌，又不会损害水稻。

之后大家就按照这个既科学又简便的办法治疗稻热病，果然收到了良好的效果。

农场的职工和冠山周边的农民都十分敬佩谢易初，亲切地称呼他为“谢技师”，这就是谢易初这一称号的来历。

说起两位场长的称呼，这里需要交代一下。林派捷场长和谢易初副场长跟农场的职工同吃同住同劳动，关系十分融洽，他们艰苦朴素，严以律己，深受职工的尊敬和爱戴。职工一般不称呼林派捷“场长”，也不称呼谢易初“副场长”。大多数的职工呼谢易初为“谢技师”，晚辈们则多称谢易初为“谢伯”；而称呼林派捷为“大兄”。据林派捷的孙子林戟介绍，农场人不论男女老少之所以称呼他爷爷为“大兄”，是因为林派捷在祖父为家长的林氏家族中排名长孙，后来的同辈都称他为“大兄”。因此“大兄”便成为林派捷一个约定俗成的家族昵称，后来被农场的干部、职工普遍认同而使用。这就是“大兄”这一称号的来历。

## 十二、首创技术人员、领导、职工“三结合”

农场在冠山的时候，谢易初领导培育“澄南水稻”等良种，他首创了技术人员、领导、职工“三结合”进行育种实验的方法。

他带领农场的技术人员、管理干部和职工一起到田头上课，以实物进行分析讲解，把“稻母”禾矮早熟、第一代分蘖（蘖字，读音 nie，第四声，分蘖是稻、麦幼苗的主茎上长出的分支）禾较高、要迟热几天的道理讲得一清二楚，并进行辨别、选择，使育种顺利进行，得以成功。

在培育芥菜良种时，他又带领农场的技术人员、管理干部和职工一起到田头，用实物说明，不是什么芥菜都可以育种，必须选择。选择的条件是，绿色较浓，叶片要厚，丛顶要大，蕾要平圆，顶叶要盖过蕾面。然后将这些芥种作为“种母”，移植到育种区栽培。

这些“三结合”的育种方法，使得农场上下，从领导到技术人员到职工，全员掌握科学育种方法，然后放手让大家有章有法地开展工作；并且互相理解、互相配合、互相支持，形成了统一的思想意志和标准的作业流程，工作效率大幅度提高，工作成果质量好、成本低；同时培育了一批懂得科学种田的新一代管理人员。

谢易初总是身教重于言教。他一到农场，即脱衣下田劳作，已成习惯。有时刚从外地开会回来，或者从泰国回来，也是这样。在农场，他生活简单朴素。场部在冠山的时候，他和林派捷场长住在石佛寺简陋的小禅房里；在白沙的时候，他和林场长住在一种潮汕地区叫作“灰龟厝”的最简陋的房子里，也比职工住得差。

但是在工作方面，他认真研究、自修，从实践中取得经验，又提高到理论层面上进行总结和认识，然后再用于指导实践，不断提高育种科技水平。他对待每个新项目的试验，事事多动脑筋，严格要求自己，详细耐心地引导职工，在操作时一丝不苟，直到成功。

## 十三、总结创造三种科学育种方法

谢易初特别喜爱和接受新鲜事物，不拘泥、不保守，爱探索、爱创新，活到老、学到老、教到老、做到老。谢国民有一次回忆他父亲谢易初的时候说：“我很自豪自己继承了父亲对新鲜事物充满好奇的性格和科学观察事物的能力。”

谢易初有一定的文化基础，虽然没有上过大学，但天资聪颖，加之勤奋敬业、刻苦自学，尤其是在坚持不懈而广泛、丰富的育种实践活动中，特别善于观察、勤于思考，深刻地领会了“物竞天择，适者生存”的自然规律，在领导和同事们的支持、帮助、配合下，总结和创造了“环境驯化法”“远地引种杂交法”“系统选育法”三种主要的科学育种方法。

第一，环境驯化法。谢易初利用“蔬菜作物具有对自然环境感应性强”的特点，采取不同环境条件下进行驯化的手段，选育优良蔬菜品种。他对6号和11号早熟花椰菜的驯化培育，就是一个成功的科研案例。

“花椰菜”是谢易初1936年从印度引种到泰国正大庄农场栽种、培育成功的。1946年，他又从泰国引进到澄海家乡他自己的私人农场继续栽种、培育，是正大庄经营的一个十分成熟的蔬菜品种。

这个原产于印度的蔬菜品种的主要特征是耐热。为了使其更好地适应南洋一带的气候，谢易初采取提前播种的办法，让这个品种在泰国高温、多雨的季节经受环境的锻炼，经过他反复试种、选优，最终培育成功，并于1946年又从泰国引进澄海来栽种。

1952年，谢易初把这个品种无私奉献给了澄海农场，带领农场职工进一步选种培育，最后他从复选的植株群中严格精选出了第6号和第11号两个植株。第6号植株的优点是花球大而白，生命力强，但叶型不大理想。第11号植株除了具有6号植株的优点以外，叶子向上，且细而直，受阳光的辐射面积少，更利于抗热。谢易初本打算存后者、去前者，后来他组织科技人员研究讨论，结论为两者并留更妥当。最后通过对抽薹、开花、结籽的科研观察和鉴定，于半年后的1953年在澄海农场确定并命名为早花椰菜6号和早花椰菜11号。此后，这两个品系继续在澄海农场筛选、培育，以保持和强化品种的优越性。由于这两个品系紧紧抓住“在高温季节锻炼选留种母”这个重要的特点，每年培育出的种子都做到了好上加好、优中更优，因而备受各地蔬菜种植者欢迎，畅销海内外。尤其是越南，常年都从我国购进这两个品系的早熟花椰菜种子。谢易初培育成功的早熟花椰菜6号和11号，连同它们的栽培方法，被载入1959年农业部出版的《中国蔬菜优良品种》。

第二，远地引种杂交法。谢易初在蔬菜种植、育种的实践活动中，很早就认识到：杂交是变异的根源，只有变异才能选样，因此，杂交是繁育良种的重要方法。而且他认识到，杂交培育优良品种，必须采用“强化组合”，如选用自身丰产性能强，而且产地相距较远的父母本，结果杂交后培育出来到后代，就有可能呈现出超母本的优势。谢易初说的育种上“强化组合”，就好比今天人们常说的企业间的“强强联合”。

在杂交育种方面，谢易初在新中国成立前的蔬菜种植、育种方面，就已经做过多个批次、多个品种、多个品系的实验，积累了丰富的经验。而他在澄海农场的科研工作成果中，“澄育一号”西瓜和“狮头种”花椰菜就是最好的科研案例。

“澄育一号”的两个母本，是谢易初从泰国正大庄引进的，泰语音译过来的名字，一个叫作“通木双”，另一个叫作“丝铃努”。“通木双”西瓜，呈长枕形，个体较大，赤皮红瓤，味道甜美；“丝铃努”西瓜，则呈椭圆形，皮色带黑，内瓤鲜红，虽个体较小，但密度较大。谢易初用这两个品种杂交，试种出来的第一代西瓜比“通木双”略小，皮色浓绿，瓤色鲜红，甜度高，口味好；第二代以后，除皮色和子壳色略有分离的现象之外，具备并保持了瓤红、甜脆、养分高、耐储藏、有利远途运输等优点。这就是1958年冬选送到北京的那种被毛主席、周总理称赞的冬熟西瓜。1962年，澄海农场为了与从美国查理士顿品种培育过来的“澄选1号”进行区别，把谢易初培育的冬熟西瓜正式命名为“澄育一号”。

“狮头种”花椰菜，是1953年谢易初选用一种丹麦的花椰菜与澄海本地的东墩高脚花椰菜杂交，培育出的花椰菜新品种。丹麦的这种花椰菜，花球白而大，无须覆盖仍能保持白嫩，但在当地栽培的适应性不好，栽培条件要求高；而本地土产的东墩高脚花椰菜，花球也白，但花球小，不覆盖就容易变红。这两个品种经过杂交培育，其后代，以其花球大而白、在自然情况下基本不发红，且很适应当地栽培的特性而著称。正因为这个新品种花椰菜的花球大，而被称为“狮头种”。

第三，系统选育法。系统选育，是育种界最普遍采用的一种育种方法。谢易初的贡献在于他使得这一方法更加具体化、系统化、科学化。这其中的两个品种最能说明问题，一个是“大冇种”椰菜品种，一个是“南特号”水稻品种。椰菜，俗称圆白菜、包菜；花椰菜，俗称花菜、菜花，是两个不同品种的蔬菜。

“大冇种”中熟椰菜，原是澄海县大卫乡的农家品种，叶球虽大，但结构松散，尤其冬季种植时耐冬性差，推广价值不高。谢易初 1954 年开始对这个品种进行科研开发。他十分严格地先对品种进行分类、解剖，逐一鉴定，选择出比较符合要求的同类植株后代，然后他采取推迟播种期进行试种，使得大部分植株未到叶球成熟期便开始抽薹，再从中选择尚未抽薹而叶球形状一致、冬性较强的植株留作母种。他种植了四亩试验地，却仅仅挑选出了四个植株作为母种，再继续反复选育，最终获得成功。新培育出的“大有种”椰菜比原来的土产椰菜叶球大而结实，产量比源自日本大阪的又名“成功种”的椰菜还高出了 10%，而成熟期却缩短了近一个月，一般 11 月种植，第二年春节前后即可上市，大受民众欢迎。因其种植时间短、产量高、质量好、耐冬性强，菜籽十分畅销，为澄海示范农场创收颇丰。

“南特号”水稻，原是江西省南昌科研部门培育的高产品种。为了能够在澄海县推广普及，澄海示范农场担负起了试种和选育的任务。水稻育种本不是谢易初的专长，但是他虚心学习、刻苦钻研，倾听职工意见，注重总结和积累实践中的经验，提出“坚持标准，反复筛选”的要求，首先发动农场职工从大田中挑选出“合格穗”，接着组织科技人员对“合格穗”的穗粒形状进行集中评议，经过评议再从中精选出“标准穗”，最后将“标准穗”单独播种。按照这个办法，经过反复筛选、育种，终于在 1955 年通过了对这个品种的最终鉴定，比一般水稻高产 20%，在潮汕地区得到了大面积推广，为地方粮食增产作出了重要贡献。

为了使澄海示范农场培育出的良种得到顺利推广，做到良种和良法结合、配套，林派捷场长还特地邀请了桑蚕专家谢澄文、柑橘专家王浩真执笔，由谢易初口述，将谢易初多年的科研成果编写栽培技术资料，印成单行本，广泛发行，指导各地正确使用良种和良法进行粮食和蔬菜种植。

为了解决人多地少的矛盾，谢易初在提供复种指数，多打粮食的问题上，也作出了十分成功的试验，比如他改良了玉米品种，使其适合与花生一起套种，这一成果至今仍然在潮汕地区应用。

在谢易初的领导和主持下，澄海示范农场在20世纪50年代这几年间推出了一大批科研成果，包括他培育的“早熟鸡心芥菜”和“赤叶哥莉大芥菜”，产量都超过了日本大阪的优良品种；他还培育出了个体重25公斤的大萝卜、9公斤的花椰菜、11公斤的包心菜、25公斤的大西瓜，以及株产重110公斤的大番薯，还有水稻、玉米等一批蔬菜、瓜果、粮食作物的优质品种。澄海示范农场也因此而成为闻名全国的先进育种场。

图为谢易初（左）与双手捧着25公斤重大萝卜的青年技术员。照片的右侧文字为“用科学培育蔬菜种籽”，左侧的文字为“植萝卜亩产量两百担”，下方的文字为“广东省澄海县白沙农场，种植最大者个五十市斤”。（照片由澄海华侨中学提供）

谢易初发挥自己的聪明才智，超前地投身于绿色革命，先后创造的“环境驯化法”“远地引种杂交法”“系统选育法”等科学育种方法，对蔬菜、瓜果、畜禽、粮食四大类的大量品种进行了改良，培育出许多享誉国内外的优秀良种，为家乡的园艺科研事业和潮汕以至东南亚地区的农业良种化，以及培养高水平的技术人才，都作出了不可磨灭的贡献。

## 十四、白沙农场的“华侨米丘林”

米丘林（英文 Mr.Ivan Vladimirovich Michurin），生于 1855 年，1935 年去世，是苏联植物育种学家和农学家，苏联科学院荣誉会员，米丘林学说的奠基人。他一生培育了超过 300 种植物新品种，曾获得列宁勋章。

谢易初对于科研事业，孜孜不倦、刻苦追求，活到老、学到老。

1954 年 1 月，年近花甲的谢易初得知广东省农业厅将在广州举办“米丘林遗传育种训练班”，他立刻报名。经过他多次申请，“米丘林遗传育种训练班”终于破格接收了一位年纪已经 58 周岁的学员。在这个训练班上，他较为系统地学习了米丘林学说的三个内容：一是人工杂交的理论和方法；二是有机体定向培育的理论和方法；三是人工选择的理论和方法。

1955 年 11 月 12 日，作者庸歌来到澄海县示范农场采访谢易初，他写道：“谢同志是一位实事求是、勇于实践、从实践中找寻真理的农业科学工作者。他一再说：‘由于我的文化程度低，难于从书本上来开扩自己的眼界，充实自己的科学知识，因此对米丘林学说直到 1954 年 1 月参加广州市米丘林良种繁育传习班学习时，才真正接触到。’的确，谢同志接触米丘林学说是很晚的，但是他生平的研究与实践工作基本上是符合米丘林学说的。”

谢易初本身就是一位有着几十年丰富实践经验的天才育种专家，经过这次培训后，他结合自己总结创造的“环境驯化法”“远地引种杂交法”“系统选育法”等科学育种方法，领导白沙农场科研攻关不断取得新突破、新成就。他本人也被白沙农场的职工们亲切地尊称为澄海县示范农场的“归国华侨米丘林”，也有人尊称他为“潮州米丘林”，他是农场在生产技术和生产方针等方面的具体领导者。

澄海县的文史资料记载，1954 年，广州“米丘林遗传育种训练班”结束后不久，谢易初还曾经被派往武汉农学院，学习、研究葡萄的栽培技术。估计资料里提到的武汉农学院就是现在华中农业大学的前身，但详细情况已无从得知了。

就是在这次武汉学习、研究葡萄栽培技术期间，谢易初由于废寝忘食、过度疲劳，患上了胃病。

有一段出自陈训先的文献资料是这样记载的：“‘谢易初先生给人、给社会的总是很多很多，而有求于人、于社会的却是很少很少。’这是他的同事们给他的评价。因为人们都知道，他自踏进农场的那一天，到离开农场的最后一天，无论是当技术员，还是后来担任副场长；无论到广东省米丘林学习班攻读，还是进武汉农学院深造，他从来不领国家一分钱工资与补贴，连办公用的桌子，也是自己购置的。但是，对于科学事业，谢易初一向孜孜不倦，刻苦追求，永不满足，全力以赴！”

## 十五、著作《谢易初论果蔬栽培》

《谢易初论果蔬栽培》（上、下），是澄海市政协委员会在编辑《谢易初先生诞辰一百周年纪念特辑》中收录由陈之佳收藏的谢易初遗著时起的一个总的名字。《谢易初先生诞辰一百周年纪念特辑》，于1996年由澄海市政协委员会编、广东人民出版社出版。

陈之佳，1940年出生，汕头市人，1960年从华南农学院园艺系毕业后，由国家统一分配来到澄海国营白沙农场，跟随场长林派捷、副场长谢易初从事蔬菜的选种育种技术工作，是谢易初的学生之一。

实际上，陈之佳悉心收藏的谢易初这套遗著，一共有10个单行本，刊印了13篇谢易初的果蔬科研成果文章。10个单行本可以分为三类，具体如下。

第一类，是1955年6月15日和22日，由广东省澄海县示范农场编印、汕头市新华印刷厂承印的《早花椰菜栽培浅说》（蔬菜刊物第一号，1955年6月15日初版）;《椰菜栽培浅说》（蔬菜刊物第二号，1955年6月22日初版）;《早萝卜栽培浅说》（蔬菜刊物第四号，1955年6月22日初版）;《晚萝卜栽培浅说》（蔬菜刊物第五号，1955年6月22日初版）四册单行本（缺失蔬菜刊物第三号），每本书收录谢易初的果蔬科研成果文章一篇，共四篇。

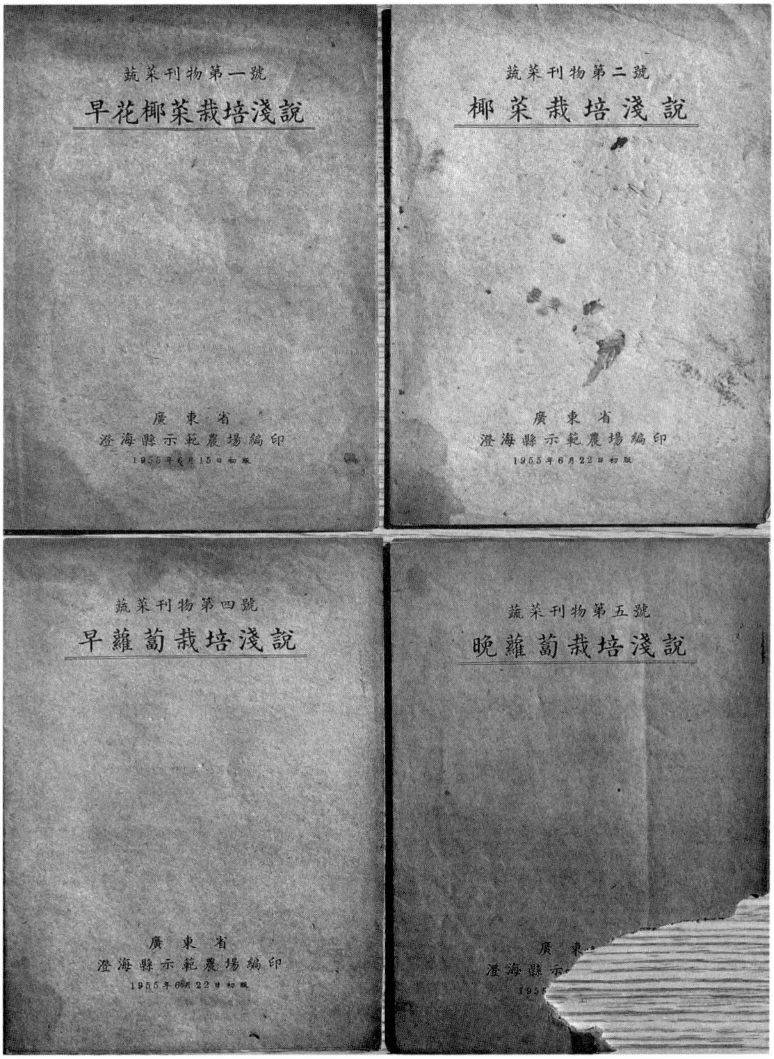


陈之佳悉心收藏的谢易初遗著第一类四册单行本。（照片由薛增一拍摄）

《早花椰菜栽培浅说》（蔬菜刊物第一号，1955 年 6 月 15 日初版）。文中说：“现在潮汕普遍栽培的早花椰菜，依其叶尾的形状来分，有尖叶与椭圆的两个品种。其原始材料，系谢易初同志于 1936 年由印度引进暹罗开始试种，至 1946 年，又带来澄海外砂乡培植，经六年继续不断地进行选育，1952 年起，再经过本场三年的选种育种工作，更分为尖叶与椭圆的两品种，现在已能适应华南气候风土环境条件，比原始种更佳良，其生长快，发育良好，成熟齐一，花球洁白，嫩密结实。目前，澄海潮安等县农民群众普遍地栽培着这两品种。”

《椰菜栽培浅说》（蔬菜刊物第二号，1955 年 6 月 22 日初版）。文中说：“1946 年，谢易初同志采集各地农民自留的种子，分别类型，先选：叶密生，色浅绿，叶面阔，有粉光，叶柄扁等类型的品系，提早其播种期，由七月，而六月，而五月，并经假植 1 ～ 2 次，然后定植，至 1951 年，即育成可早播的早生种。这些早播种，从 1952 年起，再经本场继续选种育种工作，复选出叶片弯曲内向，接触日光面积狭，能早结球的，而育成现在两种类型的早生种。”

《早萝卜栽培浅说》（蔬菜刊物第四号，1955 年 6 月 22 日初版）。文中说：“交配早，系谢易初于 1937 年起，选个大叶疏无纤毛的火车种与个长叶细的马耳种，经自然杂交，而育成叶细而疏，个大，一般农民及商号称为‘光大交配早’的新种；至 1952 年起，再经本场继续深入研究改进，而育成为叶较赤，微有纤毛，叶片更疏而短细，菜个大，品质更嫩密细致的‘本场交配早’种，其特点是适应范围广，早播慢播均宜，热带地区也可播种。将作为统一产区品种的基本品种之一。”（注：“光大交配早”之所以冠名“光大”两个字，笔者推测极有可能来源于谢易初先生新中国成立前在汕头市创办的“光大庄种籽行”，谢易初先生把在曼谷的种籽行命名为正大庄，把在汕头的种籽行命名为光大庄，寓意着“正大光明”，这是他从商的理念和原则）

《晚萝卜栽培浅说》（蔬菜刊物第五号，1955 年 6 月 22 日初版）。本文分为（一）品种来历，（二）特性特征，（三）播种期，（四）栽培过程与经验，共四节。在“栽培过程与经验”这一节中，谢易初着重从整地播种、间拔、追肥、灌溉、中耕除草、病虫害防治，到收获、产量等，进行了详细的讲解。按照谢易初的方法种植出来的晚萝卜一般个体重在 2 ～ 2.5 斤，大个的重量可达 3 ～ 4 斤。

第二类，是 1958 年 6 月 4 日，由广东省澄海县示范农场编印、汕头市新华印刷厂承印的《澄海农场花椰菜栽培介绍》（蔬菜资料一，1958 年 6 月 4 日）；《澄海农场椰菜栽培介绍》（蔬菜资料二，1958 年 6 月 4 日）；《澄海农场萝卜栽培介绍》（蔬菜资料三，1958 年 6 月 4 日）；《澄海农场包心芥菜栽培介绍》（蔬菜资料四，1958 年 6 月 4 日）四册单行本，每本书收录谢易初的果蔬科研成果文章两篇，共八篇。

《澄海农场花椰菜栽培介绍》（蔬菜资料一，1958 年 6 月 4 日），收录了“澄海农场早花椰菜”“中生花椰菜”两篇。

《澄海农场椰菜栽培介绍》（蔬菜资料二，1958 年 6 月 4 日），收录了“澄海农场早椰菜”“澄海农场中生椰菜”两篇。

《澄海农场萝卜栽培介绍》（蔬菜资料三，1958 年 6 月 4 日），收录了“澄海农场早萝卜”“澄海农场晚萝卜”两篇。

《澄海农场包心芥菜栽培介绍》（蔬菜资料四，1958 年 6 月 4 日），收录了“澄海农场鸡心大菜”（早生包心芥菜）、“澄海农场赤叶哥莉大菜”（晚生包心芥菜）两篇。

陈之佳悉心收藏的谢易初遗著第二类四册单行本。（照片由薛增一拍摄）

第三类，是两册相同的单行本，书中收录了谢易初的果蔬科研成果一篇，即《冬熟西瓜栽培经验介绍（草稿）》。

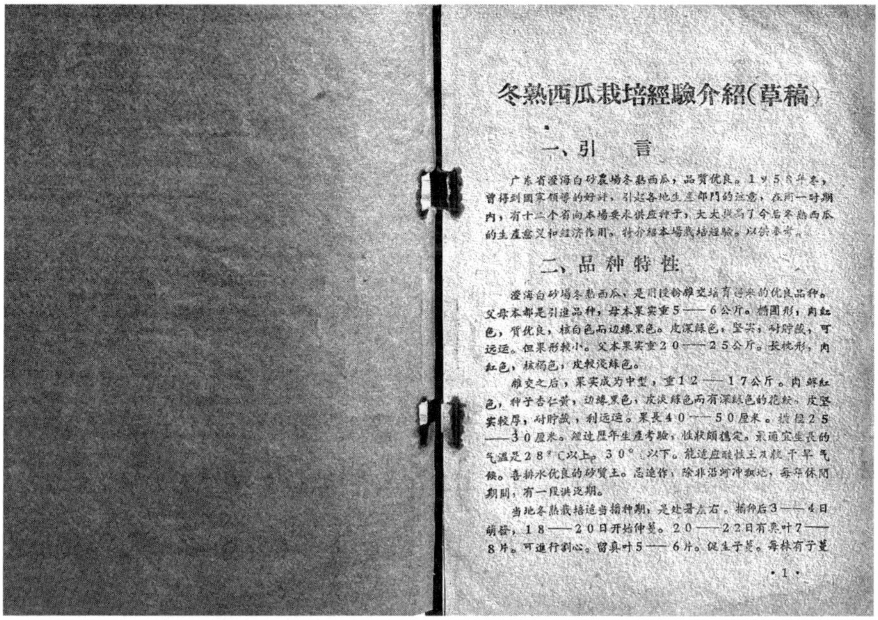

冬熟西瓜栽培經驗介紹(草稿)

一、引　言

广东省澄海白砂農場冬熟西瓜，品質优良。1958年冬，曾得到國家領導的好評，引起各地生產部門的注意，在同一时期内，有十二个省向本場要求供应种子，大大提高了今后冬熟西瓜的生產意义和経济作用。特介绍本場栽培經驗，以供参考。

二、品种特性

澄海白砂場冬熟西瓜，是用授粉雜交培育出来的优良品种。父母本都是引進品种，母本果实重5——6公斤。椭圆形，肉紅色，質优良，核白色而边緣黑色。皮深綠色，坚实，耐貯藏，可远运。但果形較小。父本果实重20——25公斤。長枕形，肉紅色，核褐色，皮較淺綠色。

雜交之后，果实成为中型，重12——17公斤。肉鮮紅色，种子杏仁黄，边緣黑色，皮淡綠色而有深綠色的花紋。皮坚实較厚，耐貯藏，利远运。果長40——50厘米。横径25——30厘米。經过歷年生產考驗，性狀頗穩定。最適宜生長的气温是28°C以上，30°C以下。能適应酸性土及較干旱气候。喜排水优良的砂質土。忌連作，除非沿河冲积地，每年休閑期間，有一段洪泛期。

当地冬熟栽培適当播种期，是处暑左右。播种后3——4日萌發，18——20日开始伸蔓。20——22日有真叶7——8片。可進行摘心。留真叶5——6片。促生子蔓。每株有子蔓

·1·

陈之佳悉心收藏的谢易初遗著第三类两册相同的单行本。（照片由薛增一拍摄）

在谢易初的这十本著述中，对不同品种的果蔬，从概况、品种来历、特性形状、播种期、栽培季节、栽培技术、栽培过程与经验、园地选择及整理、种子措理及播种、苗期管理、施肥、灌溉、中耕、留果、留种、病虫害防治、收获等不同方面进行了科学的论述，对成功经验进行了科学的总结和介绍，是谢易初一批重要的园艺研究科技成果，是谢易初多年从事蔬菜、瓜果种子事业科研工作的心血结晶。

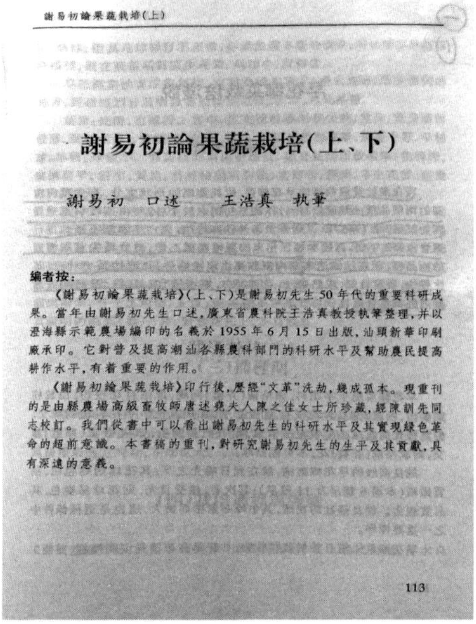
謝易初論果蔬栽培(上)

謝易初論果蔬栽培(上、下)

謝易初　口述　　王浩真　執筆

编者按：

《謝易初論果蔬栽培》(上、下)是謝易初先生50年代的重要科研成果。當年由謝易初先生口述，廣東省農科院王浩真教授執筆整理，并以澄海縣示範農場編印的名義於1955年6月15日出版，汕頭新華印刷廠承印。它對普及提高潮汕各縣農科部門的科研水平及幫助農民提高耕作水平，有着重要的作用。

《謝易初論果蔬栽培》印行後，歷經"文革"洗劫，幾成孤本。現重刊的是由縣農場高級畜牧師唐述堯夫人陳之佳女士所珍藏，經陳訓先同志校訂。我們從書中可以看出謝易初先生的科研水平及其實現綠色革命的超前意識。本書稿的重刊，對研究謝易初先生的生平及其貢獻，具有深遠的意義。

113

《谢易初先生诞辰一百周年纪念特辑》收录《谢易初论果蔬栽培》（上、下）时专门写了一段《编者按》，对重刊作了说明。（照片由薛增一拍摄）

《谢易初先生诞辰一百周年纪念特辑》的编者按说：“《谢易初论果蔬栽培》（上、下）是谢易初先生50年代的重要科研成果。当年由谢易初先生口述，广东省农科院王浩真教授执笔整理，并以澄海县示范农场编印的名义于1955年6月15日出版，汕头新华印刷厂承印。它对普及提高潮汕各县农科部门的科研水平及帮助农民提高耕作水平，有着重要的作用。《谢易初论果蔬栽培》印行后，历经‘文革’洗劫，几成孤本。现重刊的是由县农场高级畜牧师唐述尧夫人陈之佳女士所珍藏，经陈训先同志校订。我们从书中可以看出谢易初先生的科研水平及其实现绿色革命的超前意识。本书稿的重刊，对研究谢易初先生的生平及其贡献，具有深远的意义。”

需要特别说明的是，《晚萝卜栽培浅说》（蔬菜刊物第五号）这册单行本的右下角部分已经因虫蛀而残缺，这一部分缺失的文字，编者陈训先专门请收藏人陈之佳根据回忆进行了补写，使得这册单行本的内容完美复原，得以全文刊载在《谢易初先生诞辰一百周年纪念特辑》里。在此我们对陈之佳女士和陈训先先生表示由衷的谢意。

十分有意义的是，在正大集团百年华诞之际，经过澄海区委统战部部长林典发的鼎力帮助，终于寻找到了当年白沙农场的青年技术人员、谢易初的部下和学生陈之佳，她悉心收藏了谢易初的十册科研成果单行本。

2021 年 7 月 28 日，澄海区委区政府安排在区委区政府大楼十一层会议室举行了一个简约而隆重的捐赠仪式。在汕头市澄海区委副书记佘辉滨、区委统战部部长林典发等有关领导的见证下，陈之佳将她悉心收藏了 58 年之久的谢易初的这十册珍贵的蔬果育种栽培科研成果遗著，无偿地捐赠给了正大集团博物馆，成为百年正大一份珍贵的信史礼物，也成为正大集团博物馆的镇馆之宝。这是何等的幸事啊！正大集团衷心感谢陈之佳女士！衷心感谢澄海区委区政府和统战部的各位领导及同志们!

林典发，1978 年出生于汕头市金平区，毕业于韩山师范学院，时任汕头市澄海区委常委、区委统战部部长，并分管全区农业工作。

正大集团副总裁李闻海代表正大集团接受了陈之佳的捐赠，并为陈之佳颁发了《捐赠证书》；正大集团农牧食品企业中国区资深副董事长薛增一代表正大集团宣读了致陈之佳感谢信。《捐赠证书》如下：

尊敬的陈之佳女士：

惠赠佳籍谢易初先生遗著资料《早花椰菜栽培浅说》（蔬菜刊物第一号，1955年6月15日初版）；《椰菜栽培浅说》（蔬菜刊物第二号，1955年6月22日初版）；《早萝卜栽培浅说》（蔬菜刊物第四号，1955年6月22日初版）；《晚萝卜栽培浅说》（蔬菜刊物第五号，1955年6月22日初版）；《澄海农场花椰菜栽培介绍》（蔬菜资料一，1958年6月4日）；《澄海农场椰菜栽培介绍》（蔬菜资料二，1958年6月4日）；《澄海农场萝卜栽培介绍》（蔬菜资料三，1958年6月4日）；《澄海农场包心芥菜栽培介绍》（蔬菜资料四，1958年6月4日）；《冬熟西瓜栽培经验介绍》（草稿两本）已为正大博物馆珍藏。您的襄赞是正大博物馆最珍贵的馆藏资源，是对爱国爱乡的著名澄海籍侨领和正大集团创始人谢易初先生最好的纪念，泽被观者、惠及后人。对您的悉心收藏和捐赠善举，我们表示衷心的感谢！

特发此证，以志纪念。

正大集团北京总部董事长办公室（公章）

二〇二一年七月十二日

2021 年 7 月 28 日的捐赠仪式上，陈之佳手捧捐赠证书，与佘辉滨(左一)、李闻海（左二）、林典发（右一）、薛增一（右二）合影留念。（照片由澄海区委统战部陈镇锋拍摄）

捐赠证书

DONATION CERTIFICATE

尊敬的陈之佳女士：

惠赠佳籍谢易初先生遗著资料《早花椰菜栽培浅说》（蔬菜刊物第一号，1955年6月15日初版）；《椰菜栽培浅说》（蔬菜刊物第二号，1955年6月22日初版）；《早萝卜栽培浅说》（蔬菜刊物第四号，1955年6月22日初版）；《晚萝卜栽培浅说》（蔬菜刊物第五号，1955年6月22日初版）；《澄海农场花椰菜栽培介绍》（蔬菜资料一，1958年6月4日）；《澄海农场椰菜栽培介绍》（蔬菜资料二，1958年6月4日）；《澄海农场萝卜栽培介绍》（蔬菜资料三，1958年6月4日）；《澄海农场包心芥菜栽培介绍》（蔬菜资料四，1958年6月4日）；《冬熟西瓜栽培经验介绍》（草稿2本）已为正大博物馆珍藏。您的襄赞是正大博物馆最珍贵的馆藏资源，是对爱国爱乡的著名澄海籍侨领和正大集团创始人谢易初先生最好的纪念，泽被观者、惠及后人。对您的悉心收藏和捐赠善举，我们表示衷心的感谢！

特发此证，以志纪念。

正大集团北京总部董事长办公室

二〇二一年七月十二日

正大集团为陈之佳准备的《捐赠证书》（待盖章版）（正大集团北京总部董事长办公室提供）

那么，陈之佳是如何收藏到谢易初先生遗著的呢？

原来，1963 年4月至 11 月，白沙农场按照国家农业部的安排，接收了一批来自古巴的留学生在农场学习蔬菜种植技术，由陈之佳等技术干部为他们上课。可是没有培训教材，开会讨论的时候，林派捷场长就把 1955 年和 1958 年分别出版的谢易初的这套著作《谢易初论果蔬栽培》共十个单行本交给了陈之佳，让她以此作为培训教材，或在此基础上再增补培训教材。从此，这十本书就一直保存在陈之佳处。

林派捷场长（前排右三）、陈之佳（前排左一）1963 年与古巴留学生在白沙农场合影留念。（照片由林戈、林戟提供）

陈之佳介绍说，当年为了总结、记录和推广谢易初果蔬育种和栽培的科研成果，林派捷场长组织了由谢易初副场长口述、王浩真研究员执笔整理的《谢易初论果蔬栽培》系列单行本的编写和出版工作，为后人留下了极其珍贵的文献资料。陈之佳收藏的谢易初这十本论果蔬栽培的著作，就是其中的主要部分。

《谢易初论果蔬栽培》的组织者林派捷（右一）、口述者谢易初（中）、整理者王浩真（左一）。此照片为三人在白沙农场林派捷、谢易初宿舍前观赏和探讨秋菊夏开品种时合影。画面中右侧的平房是当时白沙农场的场部办公室；左侧的平房是林派捷和谢易初的宿舍，一共三小间，两人各住一间，中间为厅室，白沙农场人俗称“三间仔”；中间最后面带走廊的平房是当年接待古巴留学生的宿舍、餐厅和教室。本张照片大约拍摄于1964年，这一年，谢易初68岁，林派捷50岁，王浩真61岁。（照片由林戈、林戟提供）

王浩真，1903年出生于澄海县，1984年辞世，泰国归国华侨。1933年毕业于南京金陵大学园艺系，是国内著名的柑橘专家。1957年任广东省农业科学院柑橘研究所副所长、副研究员。20世纪50年代曾来澄海县指导柑橘种植工作，其间应林派捷场长和谢易初副场长之邀，来白沙农场驻点，指导农场的农业科研工作。

林派捷、谢易初、王浩真是当时潮汕地区农科战线的三位领军人物，他们既是行业领导、农业专家，又是同乡，也同为归国华侨。三人经常一起工作，情深义厚，探讨科研，成就斐然，为潮汕地区农业经济发展和农业科研工作取得的成就，均作出了不可磨灭的重大贡献。

文化大革命开始的时候，陈之佳和同在白沙农场工作的丈夫、高级畜牧师唐述尧（亦为归国华侨）受到冲击、抄家，陈之佳将她的毕业证书连同谢易初的著作等重要资料包裹好交给家在汕头市区的父母保管，谢易初的珍贵遗著才因此得以保留了下来。

令人感怀的是，据澄海文史资料第十五辑即《谢易初先生诞辰一百周年纪念特辑》介绍，在1988年澄海县纪念谢易初先生诞辰92周年的时候，他的生前挚友林派捷先生曾想方设法到处寻找谢易初的这套遗作，打算开一个纪念谢易初的学术研讨会，以对谢易初的科技思想、学术观念、理论框架和科学方法等有一个比较全面的认识，让后人从中获得教益，促进农业生产。然而始终没有找寻到，这也成为林派捷生前的一个遗憾。

然而，正如古诗“山重水复疑无路，柳暗花明又一村”所云，在1996年谢易初诞辰100周年之际，政协澄海市委员会发起了纪念谢易初的活动。在征集相关文史资料的时候，陈之佳获悉消息后，便主动打电话给澄海市政协文史委员会副主任陈训先，把她所珍藏的谢易初的这套十分珍贵的遗著，交由澄海市政协，作为重要的文史资料，以“谢易初论果蔬栽培（上、下）”为标题收录在由澄海市政协委员会编印、广东人民出版社出版的《谢易初先生诞辰一百周年纪念特辑》中，重新展现在热爱谢易初的读者眼前。这部书稿的重刊，对研究谢易初的生平及其贡献，无疑具有十分重要而珍贵的意义。

7 月 28 日捐赠仪式之后，81 周岁的陈之佳为了表达她对谢易初的怀念、记述谢易初的贡献，于 8 月 6 日专门写了一篇题为《谢易初先生育成的名优蔬菜在社会中的效益》的文章，以纪念谢易初。全文附后：

### 谢易初先生育成的名优蔬菜在社会中的效益

一、谢易初先生是当年的白沙农场副场长、技术员，他先后培育 16 个名优蔬菜品种，在我国南北各地大面积种植，为我国蔬菜生产，选育种，作出了重大贡献。他育成的品种总共 16 个。

1. 萝卜 7 个品种（火车早萝卜 1 号、火车早萝卜 2 号、马耳早萝卜、交配早萝卜、慢春晚萝卜、南畔洲晚萝卜、梅花春晚萝卜）。

2. 芥菜 2 个品种（鸡心早芥菜、赤叶哥莉晚芥菜）。

3. 花椰菜 3 个品种（早花椰菜 6 号、早花椰菜

11号、中花椰菜）。

4. 椰菜2个品种（早椰菜、中生椰菜）。

5. 西瓜2个品种（澄育西瓜，澄选西瓜即是CHARLESTON GRAY）。

这些品种，经多地区种植、推广、确认，已成为蔬菜业中的重要品种，为蔬菜业的发展，作出了贡献。

二、谢易初先生16个名优蔬菜的社会效益。

1. 萝卜类中的火车早萝卜、马耳萝卜、慢春晚萝卜三个品种，在我国推广面积达半个中国之广，时间约半个世纪，今天仍在生产之中，为社会创造了无法计算的效益。

2. 晚芥菜在我国南方，仍有大面积种植。

3. 花椰菜、椰菜，多个品种在50–90年代，是同类品种中的重要品种。

4. 澄选西瓜（CHARLESTON GRAY）由于其品质特优，折光含糖量11%，为西瓜之最。因此是选配代种一代西瓜的重要亲本之一。

三、为培育下一代农业科技人员作出贡献。

1. 华南农业大学1953届、1954届学生，在老师带领下来白沙农场前身冠山农场实习，由谢易初先生亲自讲课，并指导田间选育工作。

2. 70年代后期，华南农业大学的学生，先后三次再来白沙农场实习，学习蔬菜选育种工作，以及有关理论课，每次学习时间约一月之久，在所学品种之中，约有一半为谢易初先生所培育的名优品种。

四、为培训古巴农业科技人员作出贡献。

1963年，白沙农场受中央农业部委托，培训一批古巴农业实习生。经多方面调查，白沙农场由于气候条件与古巴相同，同时又具备蔬菜选种技术和相关科技人员。

具体要求：

1. 学习名优蔬菜栽培、选育种、留种技术和有关的理论课。

2. 学习时间8个月，从4月至11月。

3. 任教老师必具有理论和实践经验，要求本科以上学历。

4. 入选品种共25个，其中10个为谢易初先生所培育，占40%，而且都是重点品种。

虽然谢易初先生没有直接上讲台讲课，但40%品种为他育成，因此立了不朽功勋。

任务完成之后，由林派捷场长护送这批学生到北京向中央农业部汇报，受到当年农业部长的接见和表扬，然后返回古巴，将所学到的名优蔬菜，带到古巴开花结果，为古巴蔬菜业作出了直接和间接的贡献。

陈之佳

2021年8月6日

## 十六、关心培养青年科技人才

谢易初是白沙农场负责科技工作的副场长，他十分爱惜人才，对科技人员关怀备至，尤其是刚刚从农业院校毕业来到农场工作的青年人，他更是处处关心对他们的培养，帮助他们成长。

曾树创回忆说："1957年我从省农业干部学校学习回来，被分配到农场工作，跟着谢伯一起搞科研。最使我感动的是谢伯具有无私奉献的精神。他身兼数职，公务繁忙，且患有胃病，但始终立足农场，一心扑在农业科技上，有时因公外出，一回到农场，脱下衣服便往地里干活，见到职工们在种菜，常常用自己的示范操作和科学道理去帮助职工种好蔬菜；场外有不少农民常来请教他，他也一视同仁地帮助他们。因此，场内外的人都视他为良师益友，对他十分尊敬。我是一个归国侨生，谢伯热爱祖国、无私奉献的精神无处不激励着我，在他的精心栽培下，逐步成长起来。

"在粮食方面，谢伯精心指导我先后培育了千粒穗、铁骨矮、赤快矮等十三个矮秆、丰产、多抗的水稻品种。其中铁骨矮和赤快矮两个品种均为广东、福建两省推广达十年之久，高峰期每年分别达100万亩以上，这两个品种都载入《全国农作物优良品种志》。油料方面，在谢伯的指导下，有邵舜梦同志等人育成"白沙1016号"花生品种，在山东省乃至大江南北广泛推广，等等，真是举不胜举。

“他还帮助我把这些实践经验写成论文，三次被评为全国农业先进工作者，并获得省和国务院奖励。后来我担任县农科所所长，又获得高级职称。一切成就都灌注了谢伯无私奉献的心血。我永远铭记他、怀念他。”

说到邵舜梦，让我们来看看他的成长史吧。他 1955 年 19 岁从潮安农校毕业，分配到澄海县农林局种子站工作；1962 年来白沙农场，在谢易初领导下开展花生育种工作，成为谢易初的学生。

1978 年 3 月 18 至 31 日，中共中央、国务院在北京隆重召开了 6000 人参加的全国科学大会，发出“向科学技术现代化进军”的号召。这次大会是中国科技发展史上一次具有里程碑意义的盛会。会上对科技工作先进集体和先进工作者予以表彰。谢易初领导和参与的重大科研成果“白沙 1016 号”花生新品种荣获重大科技成果奖，他的学生、科研项目主要承担人邵舜梦被授予“全国科技先进工作者”的光荣称号。

然而，当 1962 年农林局种子站安排青年技术员邵舜梦到白沙农场跟随谢易初开展花生育种工作的时候，他还很有些胆怯呢。谢易初鼓励他说：“你接受任务吧！花生育种这一课题很重要，现在有‘狮头企’好品种作基础，育出超过它的新品种来，向世界争第一。”

向世界翘起大拇指，是谢易初在园艺事业上为追求世界级高水平而经常表达的一种姿态，体现了他对园艺事业的理想、抱负和信念，也是他严格要求自己和认真培养人才的一种境界和心愿。邵舜梦说：“凡是和谢易初先生一起工作过的人都知道，白沙农场的每一项科研成果，都是和他的这一思想分不开的，高标准、严要求是谢易初先生设置课题坚定不移的原则。”

谢易初首先向邵舜梦传授品种杂交的理论，他对邵舜梦说：“最能够动摇品种遗传性的就是有性杂交法。”邵舜梦运用谢易初的“远地引种杂交法”理论，即“产地相距很远的父母本，其杂交后代，就能够大大呈现超过亲本的优势”。邵舜梦说：“谢老精心育种的求实精神给我影响殊深。他这种探讨科学的思路和态度，深刻地影响着他身边的每一个科技人员，他常常讲解育种工作四部曲：引种是手段，杂交是根本，培育是基础，选择是关键，使我们明确了育种工作的方向。”在谢易初的领导和参与下，邵舜梦采用潮汕当地的“狮头企”花生种作为母本，采用山东省著名的“伏花生”花生种作为父本，进行杂交育种。在育种期间，谢易初经常到地头田间，现场观察和指导邵舜梦的育种工作。他说：“做什么事都要讲认真，要追根究底，要摸门道（笔者注：这是谢易初先生常常说的一句话），了解到它的奥秘，只有这样才能做到事半功倍。”他经常对邵舜梦等科技人员说：“要改造植物，叫它听话，就得深入观察，把它的脾癖摸透，才能改变它。”那时候的邵舜梦也是初生牛犊不怕虎，在谢易初的教导下，每天匍匐在花生地里四个多小时，去雄、授粉、扎花，观察、记录、管理。功夫不负有心人，经过连续四年、七个代次的培育，终于在1966年秋季，成功培育出了“白沙1016号”花生新品种。“白沙1016号”花生在山东省蓬莱县试种，比山东本地的“伏花生”增产13.4%，每亩普通产量达400～500斤，最高达到了800多斤，而且易种、易收，品质优良，1970年被列为国家珍珠豆型花生仁出口的主体品种，被农业部广泛推广种植，十多个花生种植的地、市、县来白沙农场引种“白沙1016号”，种植面积在当时就达到了5000万亩以上，为国家出口创汇立了大功，作出了重大贡献。20世纪70年代初，“白沙1016号”花生种还被美国选中引进到美国试种，比美国当地最优良的花生品种增产20%以上，真是“走出国门，为国增光”，实现了谢易初常常表达的“向世界翘起大拇指”。

邵舜梦，谢易初的学生之一，出席了1978年首届全国科学大会，被授予“全国科技先进工作者”的光荣称号。这是拍摄于1978年的邵舜梦科研工作照。（照片由邵舜梦家人通过澄海区委统战部陈镇锋提供）

1979年3—4月，谢易初在“文革”后首次回来，与很多老领导、老朋友相聚在广州，包括吴南生、林派捷、王浩真等。虽然这一次邵舜梦因为出差外地未能赶赴广州与谢易初见面，但时任广东省农科院果树研究所所长的王浩真教授高兴地向谢易初介绍了“白沙 1016 号”花生种获大奖的情况，并说：“你培养的学生，在国内业有所成，为你报喜祝贺。”

第二年，谢易初再来广州，邵舜梦随同林派捷从汕头来到广州东方宾馆，终于见到了分别十几年的老师。这一年，谢易初已经 84 岁了。师生相见，格外激动。听了邵舜梦的科研成果汇报后，谢易初高兴地站了起来，高高地翘起了他的大拇指！当天夜里，邵舜梦辗转反侧，回想着白天老师谢易初滔滔不绝地给他说的生产、育种、农业科技、贸易、实业等新观念、新知识、新视野，怎么也睡不着觉，写了一首表达敬意的诗《庚申年之春敬赠谢老》：“一直鞭先新潮流，德才荣耀闻宇洲。物质精神富百万，革故鼎新跃上游。”

2009 年，汕头电视台制作了九集系列文献片《汕头记忆》，献给共和国六十周岁华诞。其中第三集名曰《育种白沙埔》，专门介绍了白沙农场的干部、职工，白手起家，艰苦创业，在共和国六十年的发展历史上，为澄海、为汕头、为国家所作出的贡献。当然，这贡献少不了林派捷场长、少不了谢易初副场长。文献片中的解说词，有一段是这样说的：“谢易初是正大集团的创始人，也是著名的爱国华侨，抗日战争胜利后，他就从泰国回到家乡澄海县办农场。新中国成立后，他又接受了澄海县人民政府的聘请，担任国营农场的副场长和技术员，一直到 1965 年才离开（笔者注：1966 年初）。作为蔬菜良种培育方面的专家，谢易初在农场以后的发展过程中，在培养技术人才、繁育良种方面起到了重要的作用。他一面引进优良蔬菜品种，一面与农场员工共同培育、选育出澄海水稻、白沙早白玉米、早花椰菜、杂交早萝卜、鸡心早大菜等优良品种。在他的指导下，农场用了不到半年的时间，就实现了盈利。谢易初在农场其间，把全部工资馈赠给农场办福利事业。他对农场的技术人员更是关怀备至。后来成为全国劳动模范的邵舜梦对于他在谢易初那里受到的特殊待遇，回想起来还记忆犹新。”

电视节目的镜头随即出现了时任汕头市白沙蔬菜原种研究所副所长的邵舜梦，他说：“我和谢易初见面，是在他 60 多岁的时候。在 1965 年下半年（笔者注：1966 年初），他就离开了。文化大革命前夕，他就离开了。我们一起经常聊到农业科技人员怎样钻研科研，作出业绩，贡献国家。我 1962 年过来，他就在这里了。他对我的印象就是他对农业科技人员，愿意钻研、愿意努力工作的人员，当作亲儿子一样爱护，晚上还特意泡牛奶给我们喝。他老人家和大兄（即林派

文献片《汕头记忆》的文案资料。（照片由薛增一拍摄）

捷）住在一起，原来白沙那里是他们二老居住的地方。我们搬花生的时候，几百个品例，一个品例就需要一个袋子，袋子不够，他们用吃饭的碗给我们搬花生种。这确实是无微不至的关心和支持。”

另据陈之佳回忆，她出生并从小生活在汕头市区，家庭条件较好，1960 年华南农学院毕业后分配到白沙农场工作，而当时的农场条件十分艰苦，工资也很低，但是很有幸得到

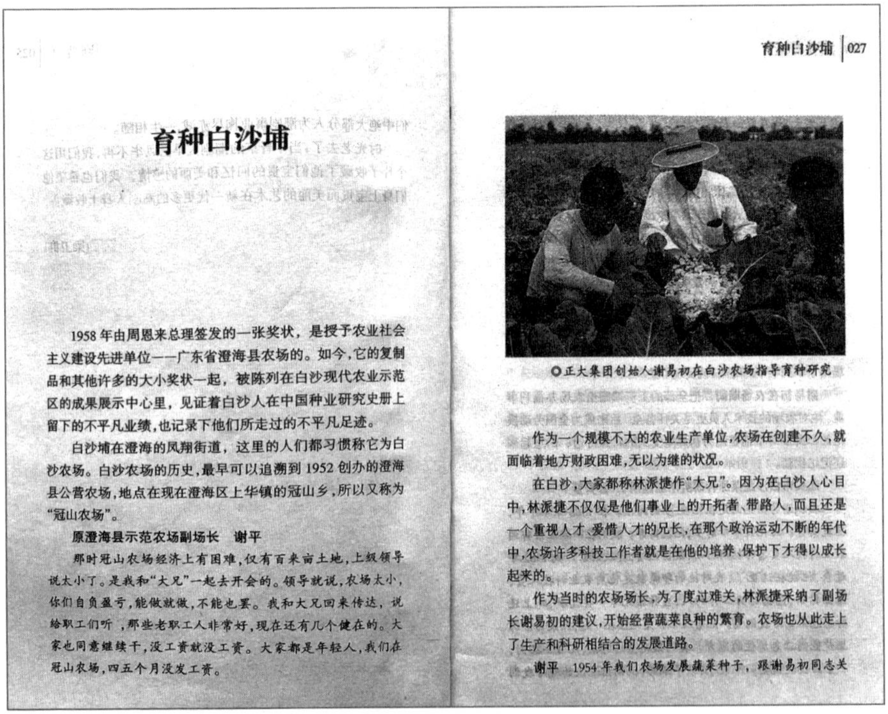

育种白沙埔

1958 年由周恩来总理签发的一张奖状，是授予农业社会主义建设先进单位——广东省澄海县农场的。如今，它的复制品和其他许多的大小奖状一起，被陈列在白沙现代农业示范区的成果展示中心里，见证着白沙人在中国种业研究史册上留下的不平凡业绩，也记录下他们所走过的不平凡足迹。

白沙埔在澄海的凤翔街道，这里的人们都习惯称它为白沙农场。白沙农场的历史，最早可以追溯到 1952 创办的澄海县公营农场，地点在现在澄海区上华镇的冠山乡，所以又称为“冠山农场”。

原澄海县示范农场副场长　谢平

那时冠山农场经济上有困难，仅有百来亩土地，上级领导说太小了。是我和“大兄”一起去开会的。领导就说，农场太小，你们自负盈亏，能做就做，不能也罢。我和大兄回来传达，说给职工们听，那些老职工人非常好，现在还有几个健在的。大家也同意继续干，没工资就没工资。大家都是年轻人，我们在冠山农场，四五个月没发工资。

育种白沙埔 | 027

○正大集团创始人谢易初在白沙农场指导育种研究

作为一个规模不大的农业生产单位，农场在创建不久，就面临着地方财政困难，无以为继的状况。

在白沙，大家都称林派捷作“大兄”。因为在白沙人心目中，林派捷不仅仅是他们事业上的开拓者、带路人，而且还是一个重视人才、爱惜人才的兄长，在那个政治运动不断的年代中，农场许多科技工作者就是在他的培养、保护下才得以成长起来的。

作为当时的农场场长，为了度过难关，林派捷采纳了副场长谢易初的建议，开始经营蔬菜良种的繁育。农场也从此走上了生产和科研相结合的发展道路。

谢平　1954 年我们农场发展蔬菜种子，跟谢易初同志关

文献片《汕头记忆》的文案资料。资料中的照片是谢易初（中）头戴草帽蹲在白沙农场的田间指导蔬菜育种工作。（照片由薛增一拍摄）

了林派捷场长和谢易初副场长的爱护和教诲。她说:“有一次谢易初先生从城里来白沙农场，买了好多香蕉，大概有几十斤，放在办公室给大家吃。那个时候物质紧缺，什么东西都是配给的。他看见我在办公室后面的田间，就叫我去吃香蕉，我因为在田头忙着没有及时去办公室，过了一会儿谢场长看我还没有去，就拿了两根香蕉来田头给我，笑着说:‘你再不吃，等会儿给大家吃光了。’谢易初先生鼓励我，他对我说:‘你在这里搞这一行，好好干，做下去很有前途的’。”她继续说，“谢易初先生说话声音不高，很有感情的。第一他是我的领导，第二他年龄跟我父亲差不多，所以从谢易初先生身上我感受到了父亲一般的爱。”

## 十七、华南农学院的感谢信

有一次，陈之佳遇到她在华南农学院读书时的老师，老师问她在哪里工作，她说在澄海白沙农场工作，她的老师十分高兴地说:“啊，你在白沙农场工作，不错啊。你认不认识谢易初先生啊？”陈之佳说:“我认识啊，他是我们的场长。”这位老师接着说:“当年我们53届、54届华南农学院的毕业生到澄海农场实习，就是谢易初先生为我们上的课啊。”这批实习生，毕业后有些人就留校当教师了，其中就包括这位老师在内。陈之佳补充说:“20世纪70年代到80年代的时候，华南农业大学的学生来白沙农场实习有三次，那时就是我，还有另外两位同志，我们分工给他们讲课，大概讲了20种蔬菜，每一次讲课都离不开谢老先生的科研成果内容。这些内容特别重要，主要是萝卜、芥菜、椰菜、花椰菜等，到现在（2021年）还在种植，社会效益无法估量。”

关于为华南农学院的实习生讲课一事，在署名庸歌的作者采写的文章《访问澄海县示范农场和归国华侨蔬果专家谢易初先生》有详细记述。1955年11月12日，庸歌与归国观光的四位印度尼西亚华侨代表来到澄海县示范农场访问，他所写的这篇采访文章发表在中华全国归国华侨联合会主办的《侨务报》杂志1957年第1期上。原文摘录如下：

> 谢同志是一位实事求是、勇于实践、从实践中找寻真理的农业科学工作者。他一再说："由于我的文化程度低，难于从书本上来开扩自己的眼界，充实自己的科学知识，因此对米丘林学说直到1954年1月参加广州市米丘林良种繁育传习班学习时，才真正接触到。"的确，谢同志接触米丘林学说是很晚的，但是他生平的研究与实践工作基本上是符合米丘林学说的。这里，让我们引用华南农学院园艺系第四生产实习大队全体师生于1955年到澄海县示范农场实习后给农场和谢同志的感谢信，作为对谢先生钻研农业科学的方法、态度和精神，以及他所得到的成就与对祖国的贡献写下初步的结论吧。

信里说：“谢同志，你年纪相当了，但为了帮助我们学习，每天不辞辛苦地坚持给我们作报告，介绍你数十年的宝贵的丰富的经验，带我们到田间实地观察，耐心地详尽地解释分析问题，向我们示范实际操作，使我们在这一段实习中，丰富了蔬菜栽培技术实际知识和理论知识，把理论和实际更密切地联系起来。谢同志，你在蔬菜事业上所取得的成绩，并不是偶然的。这是由于您数十年努力不懈地致力于蔬菜事业，热爱蔬菜事业，为了祖国的蔬菜事业更向前推进一步，你不断地敏锐地观察并进行试验研究，育成了新的适应当地环境的具有经济价值的品种。这种敏锐观察和试验研究精神是值得我们向您学习的第一点；您能根据当地气候土壤条件，因地制宜制定相适应的技术措施。这种因地制宜切合实际的生产操作技术的用途，是我们应该向您学习的第二点；为了证实你的见解是否正确，你把原来是秋分播种的萝卜进行春分播种的实验。这种创造性的劳动，大胆的尝试，对科学深入钻研的精神，是我们应该向你学习的第三点；在你自己的实际生产中经常地注意分析批判，吸取农民的宝贵经验。这种虚心学习并加以科学分析批判的精神，是我们应该向你学习的第四点；还有应该特别指出的，就是：你在未接受米丘林新的生物学科学观点之前，你便从事一系列的蔬菜研究工作。这些工作的精神实质，我们认为很多是符合米丘林方向的。解放后，在米丘林生物学观点、指示下，你更进一步认识了自己工作的意义，并把自己数十年来的宝贵经验，加以分析、总结、提高。这不是保守，而是热烈地接受新的科学观点的态度。对于像你这样年纪而又具有丰富栽培经验的人，是难能可贵的。这是我们应该向你学习的第五点。谢同志：我们完全相信，在你原有的丰富栽培经验的基础上，不断地学习吸取苏联农业科学知识，循着米丘林的正确方向，继续努力工作，你将给祖国蔬菜事业的发展，以及澄海县农场蔬菜的生产工作作出更大的贡献。我们准备好好地吸取和研究你的宝贵经验，共同为祖国的蔬菜事业而努力！”

这就是66年前的1955年华南农学院的师生们作为亲历者写给谢易初的感谢信，信中感情真挚诚恳、语言精准简练，为我们既系统科学，又简明扼要地总结了谢易初的科研成就，写得真好，至今读起来，还十分感人！

感谢庸歌先生，通过他的文章为我们保存下来了这封珍贵的感谢信、这份珍贵的历史资料。

《侨务报》杂志 1957 年第 1 期，刊发了庸歌采写的文章《访问澄海县示范农场和归国华侨蔬果专家谢易初先生》。（图片由薛增一提供）

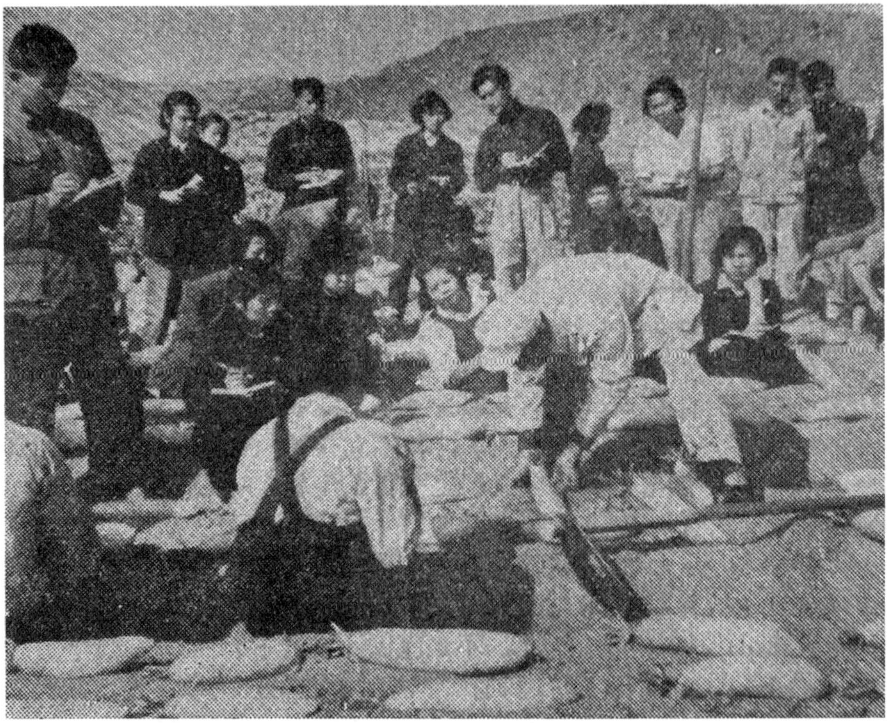

谢易初为华南农学院的学生在田间做示范。（图片来自 1957 年《侨务报》杂志第 1 期，由薛增一扫描提供）

## 米丘林学說的光輝在照耀着

許多人都尊称謝易初同志为“归国华侨米丘林”，也有人尊称他为“潮州米丘林”。虽然謝同志再三謙遜地叫人們不要这样称呼他，說“他对农業的研究和实踐，所得的結果微不足道”，但人們还是这样尊称他。

謝同志是澄海县示范农場在生产技术和生产方針等方面的具体領导者。他自一九一三年起即从事蔬菜种籽事業的研究和实踐，到現在已經四十六年了。在这四十余年中，謝同志在国內外創立过农場，培育优良的蔬菜种籽，供銷潮汕和泰国、馬来亞等地。

謝同志除在研究和培育蔬菜种籽方面有了特出的成績和丰富的經驗外，对研究和培育果树也有了突出的心得。例如他解决了高龄龙眼果树的移植和生長与生产問題，使那些年生年停、一边生一边不生、或大小年結实的龙眼树，变成年年生、全面生，增加高度的产量。又如今年潮汕地区的柑桔普遍發生“黄种病”，許多农業專家主張把全区柑桔拔除，另栽新种。謝同志坚决不同意这样做，因为柑农損失慘重，另栽新种后也不能保証“黄种病”不再發，且將使潮汕柑桔脫产三、四年，国家和人民的損失太大了。他提出防治“黄种病”的具体意見。政府接納了他的意見，領导农民进行救治。結果，被認为“無法救治”的潮汕地区的柑桔，終于得救了。

这是由先先無支很的“桑树很”培育長大的柚木，它的年龄才达二年十个月。

謝同志是一位实事求是、勇于实踐、从实踐中找寻眞理的农業科学工作者。他一再說过：“由于我的文化程度低，难于从書本上来开扩自己的眼界，充实自己的科学知識，因此对米丘林学說直到一九五四年一月参加广州市米丘林良种繁育傳習班学習时，才眞正接触到。”的确，謝同志接触米丘林学說是很晚的，但是他生平的研究与实踐工作基本上是符合米丘林学說的。这里，讓我引川华南农学院园艺系第四生产实習大队全体师生于一九五五年到澄海县示范农場实習后給农場和謝同志的感謝信，作为对謝先生鑽研农業科学的方法、态度和精神，以及他所得到的成就与对祖国的貢献写下初步的結論吧。

信里說：“謝同志，你年紀相当了，但为了帮助我們学習，每天不辞劳苦地堅持着給我們做报告，介紹你数十年来的宝貴的丰富的經驗，帶領我們到田間实地观察，耐心地詳尽地解釋分析問題，向我們示范实际操作，使我們在这一段实習中，丰富了蔬菜栽培技术实际知識和理論知識，把理論和实际更密切地联系起来。謝同志，你在蔬菜事業上所取得的成績，并不是偶然的。这是由于您数十年努力不懈地致力于蔬菜事業，热爱蔬菜事業，为了祖国的蔬菜事業更向前推进一步，你不断地銳敏地观察并进行試驗研究，育成了新的适应当地环境的具有經济价值的品种。这种銳敏观察和試驗研究精神是值得我們向你学習的第一点；你能根据当地气候土壤条件，因地制宜制定相适应的技术措施。这种因地制宜切合实际的生产操作技术的川途，是我們应該向你学習的第二点；为了証实你的見解是否正确，你把原来是秋分播种的蘿蔔进行春分播种的試驗。这种創造性的劳动，大胆的嘗試，对科学深入鑽研的精神，是我們应該向你学習的第三点；在你自己的实际生产中經常地注意分析批判，吸取农民的宝貴經驗。这种虚心学習并加以科学分析批判的精神，是我們应該向你学習的第四点；还有应該特别指出的，就是：你在未接受米丘林新的生物学科学观点以前，你便从事一系列的蔬菜研究工作。这些工作的精神实質，我們認为很多是符合米丘林方向的。解放后，在米丘林生物学观点、指示下，你更进一步認識了自己工作的意义，并把自己数十年来的宝貴經驗，加以分析、总結、提高。这不是保守，而是热烈地接受新的科学观点的态度。对于像你这样年紀而又具有丰富栽培經驗的人，是难能可貴的。这是我們应該向你学習的第五点。謝同志：我們完全相信，在你原有的丰富栽培經驗的基础上，不断地学習吸取苏联农業科学知識，循着米丘林的正确方向，繼續努力工作，你將給祖国蔬菜事業的發展，以及澄海县农場蔬菜的生产工作作出更大的貢献。我們准备好好地吸取和研究你的宝貴經驗，共同为祖国的蔬菜事業而努力！”

• 20 •

《侨务报》杂志1957年第1期刊载的华南农学院的师生们致谢易初感谢信。（图片来自1957年《侨务报》杂志第1期，由薛增一扫描提供）

## 十八、“教人赚勿教人食”，培养 173 位农艺师

当年在潮汕地区，邀请谢易初作报告、上农业技术培训课的单位，络绎不绝，多之又多。

林派捷后来回忆说：“在澄海，听过谢易初讲农业技术课者数以万计。他辛勤地培养了一大批农业技术人才。我请人作了一番不完全的统计，有 173 位当年只有初中文化者，在他的言传身教下，如今已成长为农艺师、高级农艺师。谢老这技师，所作的贡献难以估量。”

广东省政府原副秘书长，曾任澄海县委书记的陈喜臣说：“澄海农民重视良种栽培和农业科学技术的应用，耕作水平较高，这同谢易初先生的努力是分不开的，同澄海农场、白沙农场的创办和努力也是分不开的。”

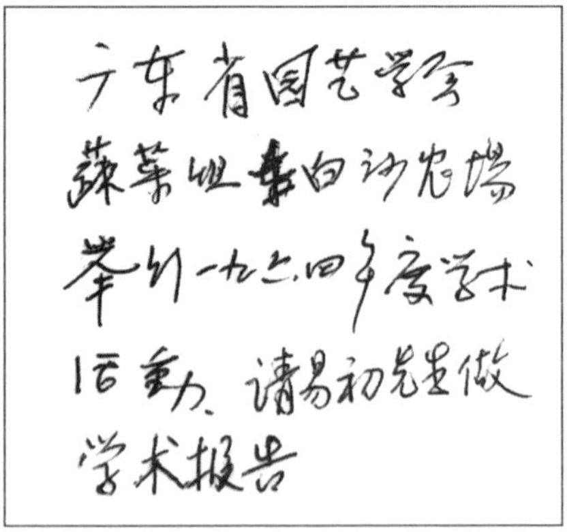


1964 年秋，广东省园艺学会蔬菜组在澄海县白沙农场举行年度学术活动会。谢易初（前排右二）在会上作学术报告后，同林派捷场长（前排中）等与会者一起合影留念。照片的背面留存下了当年收藏人题写的文字记录。（照片由林戈、林戟提供）

谈到言传身教，比如移植菜苗时，谢易初带大家来到田头，亲自示范，菜苗下窝的深度、宽度规格如何，边讲边操作，并一一指点给大家看：哪一根是菜苗的主根，主根是特别重要的，不能弯曲或折断，否则会致使菜苗受伤，影响成活率或收成，而应该使主根垂直、轻植，再填好周边的泥土，这样才能使菜苗易于成活，正常发育，生长迅速，菜身茁壮，为收获优良菜种创造先决条件。大家在他的悉心指导下，即使那些初来不会种菜的职工，不多久也能把菜种得很好。他就这样，毫不保留地传授自己的绝招技艺，帮忙大家提高技术水平和操作能力，学到真本领。

在潮汕地区有一句世俗之语："教人食，勿教人赚。"意思就是"教会徒弟，饿死师傅"，所以一般师傅们遵循的传统戒律是：告其然，不告其所以然。但是谢易初却把食与赚的关系作了调整，他说："教人赚，勿教人食。"表现出他高尚、无私的品德。

凡是与谢易初一起工作过的人，几乎都有这样的同感，他甘为人梯，丹心报国；诲人不倦，为国育才。

无私地帮助别人，给人传授知识与技能，让人自己去创造、去发展，这就是谢易初的"给予观"。

所以，大家都说："谢先生给人的不是金钱，而是真正的本钱。只要他懂得的，就无私地教给你，一直到你掌握某一项技术操作为止。"

谢易初常常说："无论怎么先进的生产设备和高尖的科学技

术，都要靠人去操作，财富靠人去创造。”

有一个例子，很能说明谢易初识才、爱才、育才、用才的眼界和能力。新中国成立前，在谢易初私人农场做场工的村民谢平，忠厚踏实，一心工作，在谢易初的栽培下，掌握了一定的农业育种技术，积累了实践经验。1952 年，澄海县农场成立之初，谢易初就向林派捷场长建议，把谢平吸纳来农场工作，发挥他的技术专长。谢平后来在农场的培养和组织的帮助下，逐渐从一名普通的农民成长起来，先后担任了农场的生产队长、农场的副场长，成为一名农业战线上的国家干部。

## 十九、不领工资的领导人

说到谢易初在澄海县当农场副场长、当县侨联主席，都从来不领取工资，有多种文献记载了这一事实。

曾经担任过澄海县县长的许士鉴说：“易初先生在澄海工作期间，他的家境并不十分丰裕，他全心全意为澄海的园艺事业作出贡献，本应收取政府和人民付给该得的工资，但他从不领取一分钱，而把他应得的报酬全部捐赠给农场，作为职工的福利补助，自己的生活费用全由自己支付，这种只讲贡献，毫不索取的崇高精神，实在是值得我们学习。”

当年在澄海农场、白沙农场从事过行政工作，后来到县政府财政局人秘股担任股长的林荷塘说：“谢老把每月工资全部馈赠给农场办福利事业，是一贯如此的。尽管上级下级都再三劝他不必这样做，而他就是非要这样做不可。他确实是诚心诚意的。”对此，谢易初说：“我归国来种田，不是为了工资，现在儿女们经常寄钱给我，花也花不完。目前国家困难，我决不加重祖国的负担。我想让农场多一些的福利费，使有困难的职工及时解决困难，调动起生产积极性，众人一条心，黄土变成金，就能为国家创造更多的财富。”这就是谢易初大海一般宽阔的胸怀、泰山一样高尚的情操。

地方国营澄海农场刚刚成立的时候，还没有自己的场部，就借用冠山石佛寺作为农场的场部。据现任汕头市澄海区佛教协会副会长兼秘书长的辛扬新介绍说，当年他父亲曾担任冠山石佛寺所在地的乡长，与谢易初常在一起工作，两人十分熟悉。他从小就听父亲多次讲过谢易初在农场当副场长不领工资的故事，很是感慨和感动，所以他至今记忆犹新。

石佛寺内大悲阁的两间小禅房，就是当年林派捷场长和谢易初副场长的宿舍，他们一人一间，对门而居。小禅房，长 4.7 米、宽 2.5 米，面积不足 12 平方米，十分简陋、狭小，然而这既是他们的办公室、会议室，也是他们的卧室、起居室。后来，他们搬到了白沙农场的场部，也是住在比一般职工宿舍条件还差的“灰龟厝”。那个时候，谢易初在汕头市小公园开埠区的五福路有一栋三层楼房，有很好的住房条件，但他却和农场的干部、职工一样住在郊外农场狭小简陋的宿舍里，与大家同吃同住同劳动，没有丝毫富裕侨领的优越感。

谢易初的慈爱善举和高尚节操，至今令当时澄海县的广大干部职工怀念和称颂。

## 二十、神山柚木，留给汕头一片林荫

在汕头市的冠山石佛寺，2005年立了一块石碑，以《神山柚木记》为题，记载了谢易初造福桑梓的一件历史往事，以为永远的纪念！碑曰：

### 神山柚木记

柚木乃质坚纹美之嘉木，颇具经济价值，原产泰国等地。一九五一年秋（笔者注：1952年12月），爱国归侨谢易初先生毅然以造福桑梓为己责，嘱其夫人从泰国携来树苗，迨经先生假值培育，于一九五二年（笔者注：1953年2月）手植于神山之麓，冠山民众绸缪呵护，遂有二十八株柚木长成参天大树；其木高耸挺拔，苍翠繁茂，蔚然成林，诚系神山之胜，乡人誉之为“柚木参天”。谢君伉俪之善举，其大有裨益于神山，且荫及后人，至今为人乐道不衰，爰勒贞珉，藉志鸿爪以彰其行，是为记。

2005年，冠山居民委员会和冠山文物管理会，专门在冠山石佛寺立了石碑，以《神山柚木记》为题，铭记谢易初为家乡栽种泰国柚木的这段公益史事。（照片由薛增一拍摄）

柚木树是一种落叶或半落叶大乔木，高可达四五十米，径可达两米多，干通直，是热带树种，生长环境气温高，多在泰国、缅甸等东南亚国家，尤其被缅甸称为国宝。柚木材，质地坚实、纹理美观、永不变形，具有很高的经济和观赏价值，价格昂贵。但这种树木在中国的北回线地区是空白。

当年谢易初任职农场的时候，正当农场筹建初期，他想到农场良种匮乏，十分着急，就找到林派捷场长谈心，提出让夫人从泰国正大庄带来一批优秀品种赠送给农场。其中谢易初谈到泰国的柚木树，如果能够把这种珍贵的树木在家乡栽种成功，既可以填补家乡林业的一项空白，又能为农场增加一项经济树种的收入，因此想从泰国引进这一树种。林场长听了以后十分高兴，连声说好。于是谢易初立即给在泰国的夫人写信，嘱其从泰国选取柚木带有生长点的根部，切成小段随身携带 100 根回到家乡。

1952 年 12 月底，100 根柚木种由谢易初夫人从泰国带回澄海。1953 年农历一月十五日开始，谢易初亲手把这些根苗栽植在神山山麓。如今这些谢易初亲手栽种的树苗已经长成的大树尚保存有 28 棵，有的已经有两人合抱那么粗壮了，郁秀葱翠，蔚然成林，充满了异国情调，成为谢易初留给家乡人民的一处著名的旅游遗产。

其实，谢易初的夫人从泰国回中国的时候，还随身携带了其他类的一些正大庄的优秀蔬菜种子，但是在过泰国海关时，由于对个人随身携带出口物品的限制而被海关查留，未能携带到农场。只有柚木树苗有幸被海关放行，被带到中国汕头的冠山，在谢易初的精心培育下，生根发芽，茁壮成长，蔚然成林。

1955 年 11 月，庸歌在冠山采访的时候，看到树高已达两丈、树干直径粗达三寸半的泰国柚木林时，欣然写道："它们好像很好客似的，临风摇舞，萧萧地唱着欢迎之歌。"谢易初对庸歌说："柚木是热带植物，但是它在我们这里生长得比原产地更快、更好，特别是在 1954 年年底至 1955 年年初的寒流（零度以下）袭击下，仍然能滋长正常，这证明在华南——亚热带山区是可以大量繁殖的。但必须注意，它宜植于高亢避风的地方，不宜于低洼当风之地。"谢易初接着说："柚木需要生长到三十几岁才能成熟成材。

2019 年 4 月 18 日，笔者和谢灯、张曙晖、李小锋结伴，在澄海区政府林振民的陪同下，慕名来到石佛寺寻访谢易初当年工作、生活之地，受到了澄海区佛教协会副会长兼秘书长、石佛寺主持辛扬新居士，澄海区澄华街道王振中主任的热情接待。参观的那天，张曙晖作为谢易初的外孙，辛扬新作为与谢易初共事多年的老乡长的儿子，两人合抱一棵谢易初栽种在冠山石佛寺般若堂前的柚木大树合影留念，真是令人感怀万分。（照片由薛增一拍摄）

它不蛀，不易腐朽，不因阳光、风雨、空气的变化而胀缩，不弯曲，是制家具、造船的最好木材。希望我国快快地大量繁育这种树材，以应伟大的祖国社会主义建设和人民生活的需要。”

## 二十一、谢易初与林派捷的深情厚谊

林派捷，1914 年出生于澄海县，1993 年辞世，马来西亚归国华侨。他 1938 年参加革命，1939 年加入中国共产党，中华人民共和国成立后历任澄海县委委员、澄海县副县长、澄海农场和白沙农场党委书记兼场长、汕头地区农科所副所长、澄海县科委副主任、科协主席、澄海县政协常务副主席等职，是澄海县农业经济和农业科技战线的重要领导人，为澄海县和潮汕地区的农业经济和科研事业作出了重大贡献。他 1952 年领军创办澄海县示范农场、白沙农场，在谢易初和农场科技人员、干部、职工的共同努力下，取得了名闻全国的突出成就。白沙农场现改制为“汕头市白沙禽畜原种研究所”和“汕头市蔬菜原种研究所”两个国有科研事业单

担任白沙农场场长的林派捷。（照片拍摄于1963年，由林戈、林戟提供）

位，至今仍然在为国家的种源保护和种源科研不断作出新的贡献。

1950 年冬，中央部署在全国范围内开展了土地改革运动。在澄海县委县政府的领导下，1951 年 1 月，澄海县开始土地改革试点，5 月全面铺开。全县组织了包括 198 名解放军指战员在内的 580 人的土地改革工作队，分别负责不同乡镇的土地改革工作。

林派捷当时担任澄海县人民政府基建科科长兼上蓬区土改工作队队长，谢易初的家乡外砂乡的土改工作正好在林派捷分管的土改工作范围内，因此结识了谢易初。

在“土改”之前的 1950 年 4 月，澄海县委县政府经过调查，邀请爱国华侨、育种专家谢易初以爱国华侨代表的身份，参加了澄海县首届各界人民代表大会，给予了谢易初保护和荣誉。

在这次土地改革工作中，林派捷在澄海县委县政府的领导下，严格遵守、认真贯彻中央人民政府政务院 1950 年 11 月 6 日颁发的《土地改革中对华侨土地财产的处理办法》，认真落实广东省委对华侨地主、华侨资本家“在土改中区别对待”的政策。经过调查，谢易初的确是华侨资本家、华侨地主，但他不是封建地主，更不是土豪劣绅，他是一位爱国华侨实业家、育种专家；他占地 100 多亩的私人农场，大部分是租用周边村民的，而且付给土地业主的收益高于该地块收获量二三倍的价值；他付给雇用的场工的报酬比为别人干同等农活所得到的报酬要高出 20% 以上，他培育的优质种子主要用于出口泰国供应正大庄销售，并销售到东南亚有关国家和地区。

林派捷将谢易初的情况向澄海县委县政府报告请示后，代表县委县政府，对既是爱国华侨、育种专家、实业家、农艺家，同时又是华侨资本家、华侨地主的谢易初再次予以保护。

1952 年 5 月，澄海县委县政府报汕头地委批准决定成立澄海农场，任命已担任县委委员的林派捷兼任党支部书记和场长，负责组建澄海农场。在林派捷场长的推荐和建议下，澄海县委县政府任命谢易初为农场技术员，接着又任命谢易初为副场长兼技术员。

从此，林派捷与谢易初成为年纪相差 18 岁的忘年交，他们朝夕相处、亲如手足，肝胆相照、休戚与共，在一起研究、切磋、交流、探讨，搭档工作了 14 年，谈得来，处得好，关系融洽、感情深厚，互为农业科研和农业生产战线上的同志加朋友。

林派捷，是一位久经考验的党的优秀领导干部，有很高的政治定力和领导才能。他相信谢易初，尊重谢易初，把谢易初视为国家和人民的财富。而经林派捷推荐担任澄海农场副场长，则是谢易初人生历程的一个重要转折点。此后，在林派捷的直接领导和大力支持、密切配合下，谢易初领导的澄海农场、白沙农场科研工作硕果累累，为潮汕地区的农业经济和科研工作作出了重大贡献，为国家作出了突出贡献。

在新旧社会大变动的特殊时代，林派捷和许士杰、余锡渠，以他们的慧眼识才、远见卓识和政治定力，同为最先保护和大胆启用并给予谢易初荣誉的三位“伯乐”。

这里有一组大约拍摄于1964年的两张由林派捷的孙子林戈和林戟提供的十分珍贵的彩色照片。当年谢易初培育成功的白沙农场冬熟西瓜，闻名全国。而这两张品尝冬熟西瓜的照片，就拍摄于他们两个人宿舍的厅房，我们看得出是同时间拍摄的，一张为林派捷切西瓜，谢易初品尝；另一张为谢易初切西瓜，林派捷品尝。通过这两张珍贵的照片，展示出的两位农场领导人情趣盎然、手足情深的氛围和友情，很是感人。

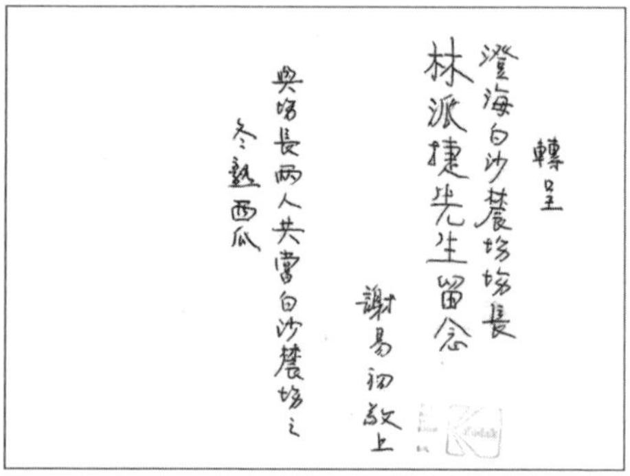

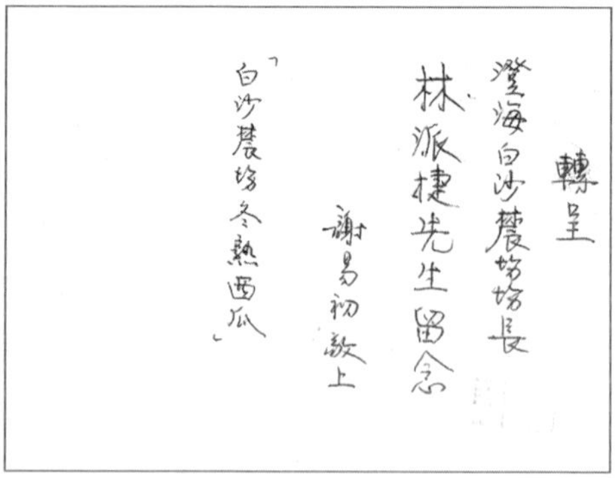


谢易初与林派捷在宿舍厅房品尝冬熟西瓜的珍贵照片。谢易初在两张照片的背面留下了珍贵的手迹。（照片拍摄于1964年，由林戈、林戟提供）

与照片同等珍贵的是照片背后的文字，是谢易初留下的手迹，配以照片本身，真是珠联璧合，锦上添花。其中一张照片的背面谢易初写作：“转呈　澄海白沙农场场长林派捷先生留念　谢易初敬上　与场长两人共尝白沙农场之冬熟西瓜。”另一张照片的背面，谢易初写作：“转呈　澄海白沙农场场长林派捷先生留念　谢易初敬上　白沙农场冬熟西瓜。”

从谢易初的手迹，我们可以看出，他写的字十分工整，每一个字的结构比例都十分规范，笔迹也很娴熟、流畅，是一副很有美感的手书作品。我们知道谢易初童年和少年时期只读过五年多一点的书，从这两幅手迹可以想见到谢易初作为一名育种专家、农艺家、实业家、商业家，应该是一位多么爱学习、善总结的人啊！不然这一手娴熟、流畅、工整的笔迹何以得来呢！

据林戟介绍，这两张彩色照片，应该是用谢易初的照相机拍摄的，但估计当时汕头没有冲洗彩色照片的条件，因此由谢易初带到广州，或香港，或曼谷冲洗，然后邮寄或托人带回来给林派捷场长，并一直被林派捷场长当作珍宝收藏于家中。

林戈和林戟还提供了一张照片，同样十分珍贵，尤其是这张照片背后所表现出来的林派捷谦虚谨慎的领导作风，愈加感人。

1964年广东省园艺学会蔬菜组在澄海县白沙农场举行年度学术活动会时，谢易初在会上作学术报告。其间谢易初带领与会的领导和专业技术人员到田间，现场为大家介绍蔬菜育种选种工作经验。（照片由林戈、林戟提供）

请看，照片中出现在画面里的人物一共有20位，分成了三队。左侧这一队，走在最前面的那位笑容可掬的女士是林派捷的女儿林敦平，当时她是白沙农场的职工之一。据她回忆，1964年广东省园艺学会蔬菜组在澄海县白沙农场举行年度学术活动会时，谢易初在会上作学术报告，其间谢易初带领与会的领导和专业技术人员到田间，现场为大家介绍蔬菜育种选种工作经验。这张照片就拍摄于谢易初副场长正在田间作经验介绍之时。中间一队走在最前面、处于画面中心位置的就是谢易初，他身着深色中山装，背着手，微微低头看着田间的作物，微笑地走在前面，为客人介绍情况，而画面中其他人的目光都聚焦在谢易初副场长的目及所在，边听、边看、边走地听着他的介绍。那么，林派捷场长在哪里呢？他走在右侧一队，而且是第二位，很不起眼、不突出。由此可见林派捷作为场长对谢易初的尊敬和支持，他们之间情同手足的深厚友谊，以及林派捷不计名利、甘为人梯、谦虚谨慎的优良作风。

1955 年开始开发建设白沙农场的时候，白沙铺是一片荒滩、乱坟岗，那时候条件艰苦，资金和物质都十分紧缺，白沙农场的干部职工们艰苦奋斗，白手起家，因陋就简，就地取材，自己动手盖房子。到 1957 年，场部办公室、职工宿舍、职工食堂等就这样一栋一栋地平地而起了。

在场部办公室西侧，有一栋独立的三间矮小的平房，在澄海白沙农场很有名，白沙人俗称“三间仔”，所谓“仔”，即“小”而已，是当年平整白沙铺时用沙洲荒滩上的乱石垒砌起来的，当地人把这种简陋的房屋称作“灰龟厝”。说它很有名，不是因为它的豪华、气派，而是因为它的简陋与贡献。这处“三间仔”，就是林派捷场长和谢易初副场长的宿舍，是白沙农场的“司令部”。据林敦平回忆，谢易初住在照片中右侧靠东的一间，林派捷住在照片中左侧靠西的一间，中间是两人共用的厅房。他们从 1957 年一直住到 1966 年。

白沙农场著名的“三间仔”，谢易初与林派捷的宿舍。（照片由薛增一扫描自1988年11月22日《汕头日报》专版《纪念谢易初先生诞辰九十二周年》）

十分惋惜的是，由于当年创办农场时条件艰苦，房屋建造的比较简陋，年久失修，“三间仔”已于2006年拆除了，原址现为“汕头市白沙蔬菜原种研究所”小型停车场；场部办公室也拆除了，在原址上新建了“汕头市白沙蔬菜原种研究所”的办公和科研大楼。

另据林戟介绍说，他听爷爷林派捷说过，当年谢易初赴香港治疗胃病，也是在林派捷的催促下而成行的。当时，在“文革”开始的前夕，林派捷已经有所预感，敦促谢易初离开农场，去香港治疗胃病。

当然，这期间关心谢易初命运的还有其他领导、同事和朋友，比如曾任汕头市委副书记的吴南生等。

## 二十二、为乡村夜校扫盲班掌灯

1949年新中国刚刚成立的时候，我国的基础教育十分落后和薄弱，全民文盲率竟高达80%以上，尤其在农村，文盲率更是高达95%以上。

中国几千年的封建统治，普通民众饱受不识字的痛苦和压迫。

新中国成立后，百废待兴，但是高达 80% ～ 95% 的文盲，成为新中国发展道路上的拦路虎，严重制约着社会的发展与进步。而随着社会的稳定、经济的发展、国家建设的启动，国家和社会对最广大民众的文化水平的需求也日益增加。于是，扫除文盲，成了摆在新中国面前重要而当务之急的工作之一。

从 1952 年开始一直持续到 20 世纪 50 年代末，党和政府在全国城乡各行各业发起了一场声势浩大的扫盲运动，扫盲班遍布工厂、农村、街道、军队，人们以高涨的热情投入文化学习中，有一亿多人因此而摘掉了“文盲”的帽子，取得了显著的历史性成效。如此大规模并卓有成效的扫盲运动，在人类历史上罕见。

扫盲运动使得中国最广大人民群众的文化程度得到显著提升，更为日后的经济建设和文化教育奠定了基础。

澄海县委县政府按照党中央的统一部署，与全国同步在乡村组织开展了轰轰烈烈的扫除文盲运动。

1953 年 3 月，外砂乡人民政府在各村组织了 12 个扫盲夜校班，抽调了文化教员，为乡村的文盲农民教课识字。可是由于乡政府经费紧缺，要求参加扫盲班的每个农民要自带灯油或缴纳灯油费。而当时新中国成立不久，很多想参加扫盲班的农民生活还很困顿，那个年代灯油的价格也不菲，大多数农民出不起灯油费，大家都为此而发愁。

1952 年，浙江省龙泉市龙南乡安和村全村 30 多个青年都是文盲。为了积极响应党中央“关于开展农村扫盲运动”的号召，妇女李招娣率先报名当了义务教师。1957 年 12 月，使得全村村民脱盲，安和村也成为浙江省第一个“无盲村”，她本人则被评为全国劳模。图为李招娣背着孩子教大家识字。（照片的拍摄者为浙江日报社高级记者徐永辉）

谢易初听说这一情况后，便主动找到乡长，恳切地说，乡里 12 个扫盲夜校班的灯油费他全包了。谢易初为乡里的 12 个扫盲夜校班支付的第一个月灯油费就达 218 万元（相当于 1955 年币制改革后的 218 元）。在谢易初的大力襄助下，外砂乡的农民扫盲夜校顺利开展起来了，并成为澄海县的扫盲先进单位。

## 二十三、为澄海县政府捐赠小汽车

1955 年，澄海县获得“全国双季稻千斤县”的光荣称号。谢易初领导培育的澄南号优质水稻品种为此作出了重大贡献。在 1956 年召开的全国先进生产者代表大会上，国家奖励了澄海县一辆小型吉普车，是一辆在抗美援朝战场上缴获的、经过翻新的美军吉普车。这辆小吉普车就成了澄海县委县政府的主要交通工具。

1956年，有一次住在汕头城区的谢易初的母亲突发急性肠胃炎，由于年纪大，病来得快，病情十分危急，县政府即派出这辆唯一的吉普车急送谢易初从农场赶回汕头城里，把母亲送到医院救治，谢易初十分感动。

受此启发，谢易初想到，澄海县是全国著名侨乡，经常有涉侨外事活动，他要赠送一辆小轿车给澄海县委县政府，作为县委县政府在外事活动中迎来送往之用。

1957年11月，谢易初因为患胃病，请假赴香港治疗，痊愈后离港赴泰国探亲，返回汕头途经香港的时候，特地从香港买了一辆德国产的奔驰牌五座绿色小轿车捐献给县委县政府。由于从香港购买，需要办理各项入关手续，到1958年春季的时候，谢易初捐献的小轿车终于开进了澄海县委县政府的大院。

## 二十四、谢易初的侨联情

1950年4月，谢易初受澄海县委县政府的邀请，以爱国华侨代表的身份，出席了澄海县首届各界人民代表大会。在会上，他提出成立归国华侨组织的建议，得到县委县政府的重视，1950年9月便成立了澄海县归国华侨联谊会筹备委员会。

他1952年开始担任国营澄海农场副场长兼技术员，1954年又被选为澄海县人民委员会委员，虽然工作十分繁重，但时时关心侨务工作，积极参加各项活动，多次向县领导反映归侨、侨眷的情况，建言献策，被县委县政府采纳。

1956年10月，谢易初随广东省侨联代表团赴北京，参加了在北京召开的中华全国归国华侨联合会成立大会，并被推荐当选为全国侨联委员。

1961年夏，广东省在广州市召开侨务工作会议，谢易初作为全国侨联委员，与澄海县委分管侨务工作的副书记陈德鸿一起赴穗参会。陈德鸿回忆说："50年代末至60年代初，正是我国经济生活处于极端困难的时期。那时，我担任中共澄海县委副书记，并分管工业、文教、统战、侨务等方面的工作，从而与谢易初先生相识。我觉得当年的谢先生，他那种与祖国、与家乡人民患难与共、同舟共进的精神坚定强烈，充分表现在他的思想和言行之中，给我留下了深刻的印象。1961年夏，我和谢先生一同赴广州参加省里召开的一次侨务工作会议，由于同食同住在一起，因此便有机会与谢先生直接交谈。在谈论当前的各种困难时，谢先生坚定地说：'我们国家大，人口多，在建设过程中碰到这样那样的困难和问题是难以避免的。我相信中国共产党和毛主席一定会解决好这个问题。'表现出他面对困难的积极态度和不畏困难的坚强意志，以及对党和政府的信任。"

据《澄海县华侨志》记载，谢易初前后两次担任过澄海县侨联主席。

第一次担任澄海县侨联主席是1962年。

这一年的6月6日澄海县归国华侨联合会在县人民会堂召

开第二次归侨、侨眷代表大会，历时三天，6 月 8 日结束。出席大会的正式代表 169 人、列席代表 53 人，合计 222 人。经过充分酝酿和无记名投票，选举产生了澄海县第二届侨联领导班子，主席 1 人、副主席 3 人、常务委员 12 人、委员 19 人。其中谢易初当选为主席，并推举省侨联主席蚁美厚和汕头地区侨联主席许杰为名誉主席。

1950 年 9 月，澄海县成立归国华侨联谊会筹备委员会后，直至 1954 年 4 月正式成立了澄海县归国华侨联谊会，再到 1956 年 12 月召开第一次澄海县归国华侨、侨眷代表大会，根据组织推荐，选举澄海县人民政府侨务科副科长李泽霈兼任第一届澄海县侨联主席。李泽霈先生回忆说："1962 年 6 月，我接到县委组织部门的通知，由于工作需要，决定由谢易初先生担任澄海县归国华侨联合会主席，我退任副主席。但这时身为全国侨联委员的谢易初先生却很谦虚地对我说：'侨联工作我是门外汉，工作仍然要请你负责。'这话使我感到责任重大。在以后的日子，我俩互相尊重，配合密切，从而逐渐地建立起友情。谢先生尽管忙于农场工作，却经常到侨联来，我则主动向他汇报工作。"

1962 年冬季，有一天李泽霈副主席和县侨联工作人员向谢易初主席汇报工作，谈到县委县政府有关部门在审批归侨、侨眷及其子女出国和赴港的工作中，存在偏严的做法，大家感到不能理解，有的归侨和侨眷提了意见。谢易初便到县委统战部向许哲西部长提出建议，他用自己的亲身经历和感受，亲切地说：“华侨绝大多数是爱国的，他们虽然身在国外，心则与祖国的命运维系在一起，他们永远也不会忘记祖国，有朝一日，他们会回来报答祖国养育之恩。希望在批准出国、出港这一问题上，适当放宽，这是符合国家、民族的利益的。”许哲西部长十分重视谢易初主席的意见，他高兴地表示，他完全同意谢易初先生的意见，他来协调解决这一问题。

1963年秋天的一个晚上，谢易初来到县侨联，与李泽霑副主席和侨联工作人员座谈，他说：“只有祖国强大了，华侨在海外才有地位，才不会受人欺压。旧社会，由于我国衰弱，根本没有外交地位，在外华侨沦为二等公民、海外孤儿，他们只能日日夜夜盼望着祖国的强盛，提高海外侨胞的政治地位。”

针对个别归侨、侨眷依赖侨汇过活，游手好闲、不从事劳动，谢易初甚感痛心，他语重心长地说：“这些人哪里知道他们在海外的亲人的处境呢？”他要求侨联工作人员，要认真教育这些归侨和侨眷，要积极参加生产劳动，自力更生，使他们成为自食其力的劳动者。

谢易初第二次担任澄海县侨联主席是在改革开放后的1979年。

据《澄海县华侨志》记载，澄海县第二届侨联组织，在“文化大革命”的冲击下，于1966年下半年被迫停止活动，历时达12年，直到改革开放后的1978年11月才逐渐开始恢复活动。

到了1979年2月，澄海县委县政府根据全国侨联的会议精神，召开了澄海县归国华侨、侨眷第三次代表大会。6月14日，澄海县归国华侨联合会召开第三届第二次会议，经澄海县委组织部批复，澄海县侨联第三届主席为谢易初，副主席为郑月婵和林凤，后来又增补宋鑑澄为副主席。

直至1983年2月谢易初逝世后，澄海县机构改革，于1984年1月明确由宋鑑澄接任澄海县侨联主席。

## 二十五、任合营公司副经理，为潮汕菜籽出口作贡献

新中国成立后，谢易初除了担任澄海县人民委员会委员、示范农场副场长、县侨联主席之外，他还担任过一个具有明显时代特征的职务，即汕头地区菜籽合营公司副经理。

新中国成立前及新中国成立初期，谢易初在汕头市区开办有两处“光大庄种籽行”，那时还是私有制。及至1952年汕头市政府根据国家的政策，开始对城市中的私营工商业进行改造、实行公私合营的时候，谢易初的“光大庄种籽行”也在这一时期与其他几位同业种子行一同与政府实行了公私合营。合营后，政府在汕头市外马路双莫楼开办汕头地区菜籽合营公司，聘请谢易初为副经理。

据澄海区委统战部求真求实的细致了解和考证，“光大庄种籽行”在汕头市区的两处，一处是“光大庄”种子铺面，一

处是“光大庄”办事处。其变迁史大约如下。

谢易初的“光大庄”种子铺面，旧址在现在汕头市龙湖区新溪街道老市巷 10 号的右侧，这是一排新中国成立前留下来的四间、两层、旧式的老房子，楼下临街有四间老铺面。这些房子目前的产权属于汕头市粮食集团，过去是汕头市粮食局开设的为市民服务的粮油门市部，现在闲置待维修。这四间老铺面的其中一间或两间，就是谢易初于新中国成立前的 1946 年开办的用于经营菜籽的“光大庄”种子铺面旧址。具体是哪一间或哪两间铺面是谢易初当年购置的，还是租赁的，都已经无法考证了。

而谢易初的“光大庄”办事处，则是指谢易初 20 世纪 30 年代在汕头市区五福路购置的一套临街的三层骑楼，楼上住人，楼下的门面房即“光大庄”办事处。“光大庄”办事处主要用作与曼谷“正大庄”的联络，通过五福路这个“光大庄”办事处，把自己私人农场生产的和从潮汕地区采办的各种优质菜籽出口到泰国和东南亚等各地销售，同时也具有储存和办理运输的中转站的功能，五福路这个“光大庄”办事处距离当年的汕头码头非常近，大约 1 公里路程，出口运输十分便捷。只不过，据说这个办事处在新中国成立前没有正式挂牌。1949 年 10 月，汕头市解放了。1950 年 3 月，谢易初从泰国返回后，在人民政府鼓励下，才将原来的“光大庄”办事处正式挂牌为“光大庄种籽行”，面向国内外开展蔬菜种子经营业务。目前，这套三层楼房的产权仍然属于谢易初的家人，汕头市房地产局1987年7月7日重新颁发了产权证书予以确权。

到了1952年，“光大庄”由私营而转为公私合营，谢易初受聘担任合营公司副经理，一直到1956年改制为公营为止。

谢易初除了在澄海白沙农场任副场长兼技术员，在科学育种方面为国家作出了重大贡献之外，他也为潮汕地区的菜籽经营和销售工作立下了汗马功劳。据邵舜梦的文章《回顾谢易初先生对菜种业的贡献 看蔬菜良种产业化的历史基础》一文中记述，“五十年代尽管美国和东南亚一些国家对我国实行经济封锁和贸易禁运，但由于谢老善于团结华侨，利用各种办法打破封锁，保持了潮汕菜籽源源出口。五十至七十年代被称为潮汕菜籽业的鼎盛时期，那时汕头年产菜籽以吨计，谢老和林派捷同志多次赞叹汕头的菜籽收入是个‘金山银山’。如早萝卜、包心芥菜、花椰菜、皇京白菜和部分瓜豆类良种，在我国南方和东南亚各国、日本、我国香港、台湾等地菜籽市场占有绝对优势，年外销量占广东全省总销量的72%，菜籽成为汕头传统出口产品。一般年份，年均出口200吨，最高年份达1470吨，创汇超过100万美元，东南亚的菜籽商行都有这个心理，来自白沙的菜籽就一定是良种。谢老任副经理期间，1953年至1955年每年春节菜籽行都在汕头文化宫举行蔬菜良种的‘大株王’及优质种子展览，让农民和国内外客户选用最优良的品种”，“他深知有了市场，才能保持和发展菜籽生产。”

▽农科春秋

回顾谢易初先生对菜种业的贡献
看蔬菜良种产业化的历史基础

邵舜梦

1996年是著名华侨、泰国正大集团创始人谢易初先生（1896—1983）诞辰100周年。本文借回顾谢老一生对蔬菜种子业的贡献，以观白沙蔬菜原种研究所推进蔬菜良种产业化之历史基础。

我认识谢易初先生，是在1956年11月，由原澄海县林振焕同志（机关里称其为"大兄"）介绍我拜见了他。当时他老人家已60岁了，除任澄海县示范农场副场长外，还兼任县侨联主席、汕头地区菜籽公司会营副经理，但他要求每一个认识他的人，不论同辈还是后辈、下属，都给他一个最亲切的称呼——"同志"。

谢老出身于澄海县外砂的贫困农家，没读完小学就在家务农。由于外砂的地理位置处于北回归线穿越的海滨，属于海陆风分布带，土壤疏松，气候比较凉爽，少雷阵雨及阴雨天，同时毗邻商埠汕头市，因此，该地带除了盛产"外砂花生种"外，对种植蔬菜及其首要配套的菜种业，也有较好的基础条件。从小就抱有革故鼎新强烈愿望和钻研精神的谢老，对家乡的农艺事业有着浓厚的兴趣，少年时期曾多次进行培植草菇试验，成了澄海一带草菇种植业的创始人，当时群众称他为"草菇老"。

1922年"八·二八飓风"过后，27岁的谢易初前往暹罗谋生，一到泰国，就干起自小苦功专练的种菜活，从家乡引去不少华南地区的蔬菜品种，在栽培过程中，发现家乡的菜籽（尤以萝卜种）在泰国及东南亚一带表现种性最好，他便从种菜转为培育良种，经营菜籽。经过十个年头的拼搏，白手起家，终于业有所成，1932年在曼谷越阁开设了一家菜籽店，店名叫"正大庄"。他很有创业眼光，不停留在做买卖赚钱上，认为要更好地推进菜籽事业，非开办种籽农场不可，于是便与人合资在泰国南部的春蓬府开辟西瓜园，选育西瓜良种，为日后在泰国南部的合艾开办种籽农场积累经验。他几十年前就深知良种良法一齐推的道理，感到要扩大菜籽的销售量，还必须到菜区去作示范种植，曾先后到泰国内地各府的菜区作示范种植，受到菜农的普遍欢迎。1937年在合艾创办"正大栈"，把菜籽销至泰国南部。1941年又在吉隆坡创办"正大栈"，把销售种子业务扩展至马来西亚。由于谢老善于经营，精于谋划，"正大"经销的菜籽在东南亚一带享有很高的信誉，大大地促进东南亚人民的蔬菜生产，丰富了物质生活。

正当他的事业蒸蒸日上的时候，抗战胜利了，年届50岁的他，胸怀雄心壮志，于1946年把"正大庄"委托给胞弟管理，离开泰人，放弃舒适的生活，回到家乡兴办农场并布产农户培育蔬菜种籽，在汕头市五福路创办"光大"菜籽栈。人家问他泰国是"正大"，汕头为什么称"光大"，他解释说："这合起来就叫'光明正大'，我就是以'光明正大'的宗旨经营种籽的。"谢老身为农

·38· 1/97 汕头科技

谢易初的学生、汕头市白沙蔬菜原种研究所副所长邵舜梦撰写的文章《回顾谢易初先生对菜种业的贡献　看蔬菜良种产业化的历史基础》，刊载在《汕头科技》杂志1997年1月刊。（资料照片由澄海区委统战部陈镇锋提供）

## 二十六、日常生活中的谢易初

谢易初不仅是一位园艺家，也是一个养生的行家，他对养生也很有自己的见解。

谢易初一生辛勤工作，兢兢业业，在澄海农场、白沙农场和澄海县侨联任职期间，虽为领导，年纪也大，但他总是严以律己，以身作则，身体力行，言传身教，深受职工们的敬爱和尊重，被大家亲切而尊敬地称为“谢伯”。

原澄海县侨联副主席郑月婵和秘书林沛文，多年在谢易初

领导下与谢易初一起工作，他们对谢易初十分敬佩。在他们的记忆中，谢易初心态十分平和，慈祥和气，笑容常展，胸怀豁达，忍性特好，不轻易发怒。

在白沙农场工作期间，每当遇到职工或工作人员出了什么差错的时候，谢易初总是和颜悦色地与他们沟通，讲道理，摆事实，以理服人。

他从不炫耀自己，也从不凌驾于他人之上。

谢易初文静善思，天资聪颖，好学不辍。无论遇到顺境还是逆境，他总是泰然自如，始终保持冷静、乐观的神态。

他与人闲谈，常用潮汕人“孤老轻健，僧尼长命”的口头禅来说明人长寿的道理，他说：“这句话当然不能包括全部的孤寡老人和出家人，但确实有一部分人是这样的。因为是孤老，一切生活都要自己动手，客观环境磨炼了他们的身体，造就了他们顽强的意志，只要他们多往好处想，时刻保持心态平衡，身体反而更健旺。”他接着说，“尼姑、和尚，出家念佛，无牵无挂，晨钟暮鼓，清心寡欲，早睡早起，素菜淡饭，同样能够调整心态的平衡，精神有所寄托。”

谢易初深知“生命在于运动”的道理，他坚持脑力劳动和体力劳动一辈子。无论新中国成立前在他自己的私人农场，还是新中国成立后在国营澄海农场、白沙农场，他常常一到田头就脱衣赤膊下田工作。他有自己的一套理论，他说：“赤背劳动有很多好处，能把体内的废气随着汗水的流淌排出体外，又能把宇宙间的真气吸进体内，这种吐故纳新，是促进新鲜血液流通、延年益寿的好方法。”他还说，“我们这里是亚热带气候，如果穿着衣服劳动，流汗时，汗水沾在衣服上，很不好受，衣服湿透了，汗水不能挥发，晒上太阳，更是难忍，影响健康。”在那个时代，本来农民下田的时候就很少穿衣服，大家听了他讲的道理，更体会到他讲得对。新中国成立前在他的私人农场的时候，农友们称他为“赤膊番客”，因为他是从泰国回来的华侨；新中国成立后在国营澄海农场、白沙农场的时候，职工们也送了他一个爱称“赤背伯”。

谢易初倡导劳动健身，自己身体力行，同时他也十分注意劳逸结合。他主张，作息时间的安排要适宜，不能打疲劳仗，要留有足够的精力第二天再工作。他常常提醒大家：“磨夜勿过更，过更难长生。”要求大家每晚一定要保持足够的睡觉时间，养成早睡早起的好习惯。

1964年的时候，谢易初已经68岁了，但是看上去好像只有50来岁。大家问他有什么长生不老的诀窍，他微笑着说：“每天冷水浴，原地弹跳上千下，头、脸、手、腹、腿自行按摩，清晨起身到田野去和农作物亲一亲，做一套自编的健身操，要持之以恒。”谢易初看起来比实际年龄年轻，固然得益于他持之以恒的工作、劳动，和适当的运动、锻炼，但是这更得益于他对生活的热爱，对美好事物的热爱，得益于他不断地追求新鲜事物和创新革新。

他对饮食也十分注意，反对暴饮暴食，日常饮食清淡、简朴，每餐粗粮淡饭、两菜一汤，“有营养，少花钱”。他常常告诫大家“少食多知味，细嚼助消化”，“多吃蔬菜，少食肉”。

他没有任何不良嗜好。他不喜爱玩乐，喜爱清静。

谢易初遇事不轻易或随便表态，可是一经表态，他总是言行一致，说到做到。

他原本也抽烟，在 1957 年 61 岁的时候，有一次同一位一起工作的干部余庆烈抽烟闲谈，余庆烈信心百倍地提高音量发出倡议道，他要和谢易初比一比，看谁能把烟戒了。谢易初心声平和地应声道：“你能戒，我也能戒。”在戒烟过程中，余庆烈实在熬不住的时候，常常偷偷吸烟；而谢易初始终遵守承诺，严以自律。一个多月的时间过去了，结果，把话说得响当当的余庆烈以戒烟失败而告终；而不动声色的谢易初，从此把烟戒了，再也没有复吸。

说到戒烟，1957 年谢易初戒烟后，他把原来每月用于买烟的钱给母亲存入银行。1964 年过春节的时候，谢易初把这笔存入银行七年多的给母亲的“专款”一共 2000 多元取出来，一次性交给了母亲过年。母亲问钱从哪里来的，谢易初才道出其中戒烟和存钱的原委，母亲听罢十分高兴。这一年，谢易初的母亲已是 91 岁高龄了。

他不大喝酒，偶尔小酌，或者待客的时候略有饮用。

他喜爱喝茶，讲究茶叶的质量，最喜欢喝福建的铁观音和潮州的凤凰茶，还有澄海县出产的红涂岭茶。他更偏爱喝浓茶，一般在喝工夫茶的时候，泡壶沏冲，五遍即更换茶叶。

谢易初常常亲自下厨，且厨艺精湛，选材虽然普通，但菜品美味可口。他很懂烹饪技法，又善于总结，他的一道拿手菜“爆炒鲜薄壳”的烹调技法，当年传授给农场职工和县侨联工作人员，至今还为澄海的不少人承袭而沿用。鲜薄壳是潮汕地区夏季的海鲜特产，价格便宜，营养丰富，烹调得法，更是佳肴。谢易初的烹饪秘诀是：先将鲜薄壳去泥、洗净，再用漏箕滤干水分，炉上炒锅大火厚油，放入鲜薄壳猛炒快翻十次左右，将其捞出盛入盘中，再在捞出鲜薄壳剩余在锅中的汤汁里加适量的水并下入盐姜葱椒等配料，煮沸后撇去浮沫，把汤汁淋浇在爆炒出锅的鲜薄壳上，一盘香美无比的“爆炒鲜薄壳”就大功告成了。

日常生活中，谢易初还喜爱吃地瓜和豆制品。他常说：“地瓜有丰富的营养，能治百病；大豆含有人体必需的多种微量元素，俗话说‘要长寿，常食豆。’”他经常嘱咐农场食堂的管理人员，要多给职工提供一些豆制品，改善大家的营养。

## 二十七、为卜蜂公司命名

1953 年年底，谢易初回泰国探亲。这一年，正大庄成立 32 周年。谢易初在大陆澄海县国营农场当副场长，而长子谢正民和次子谢大民则在泰国曼谷开始了正大集团的第二次创业，那一年谢正民 25 岁，谢大民 21 岁。

一开始，谢正民利用正大庄的业务与农业、农村、农民之间的广泛联系和正大庄在农民间的好口碑、好信誉，从农民家中收购可以作为养猪养鸡用的余粮、杂粮等，为泰国的一位退休将军供应饲料原料。

这位退休的将军有一台从美国进口的粉碎机，用来粉碎原料，再拌成猪饲料、鸡饲料卖给养殖户养猪养鸡。可是这位将军的小作坊在曼谷城区的居民区内，粉碎原料产生的粉尘和配饲料用的鱼粉带来的气味引发居民不满，有文化人甚至写了一封信给将军："将军麾下：由您指挥的臭味和灰尘已经给您的四邻带来了不堪忍受的入侵。快结束这场臭气熏天的战争吧，尊敬的将军。"将军是个好人，又有可靠的退休待遇，小作坊不做也罢，就关停了作坊。

这位退休的将军很认同和看重为他供应原料的忠诚本分、勤劳厚道的青年谢正民，决定把这台美国进口的粉碎机无偿赠送给谢正民。

既然将军不做了，谢正民和二弟谢大民商量，哥俩决定自己来做。1953 年年底，谢正民和谢大民两兄弟把将军赠送的这台美国进口的粉碎机搬迁到曼谷郊区，筹款购置土地、搭建厂房、添置设备，创办起了自己的饲料加工厂，并开设了一家饲料销售门市部，老大谢正民负责饲料加工，老二谢大民负责饲料销售。他们为新公司起名为卜蜂公司。从此，正大集团的业务在原来正大庄的基础上，拓展到了饲料业，以及紧接着又进入了养殖业。

这是正大集团一次重要的跨越式创新发展，为后来正大集团做大做强创造了一个崭新而潜力巨大的发展领域和事业空间。不久随着老三谢中民、老四谢国民的加入，四兄弟同心协力，经过艰辛探索、埋头苦干、砥砺奋进、大胆创新，卜蜂公司的事业取得了突飞猛进的大发展。

那么，卜蜂公司的名字是怎么个来历，其中的含义又是什么呢？

卜蜂集团
C.P. GROUP

谢易初命名的中文卜蜂集团的商标。（图片由正大集团北京总部市场部提供）

谢正民在 1985 年 2 月出刊的正大集团在泰国的内部刊物《盛莲》上提到，1953 年年底给新创办的正大饲料公司命名时，请了一位泰国的侯爵给起名，这位侯爵是一位退休将军，也是谢正民妻子的养父。侯爵当时起了两个名字，一个是 วัฒนา（汉语拼音似 wa ta na），昌盛、发展之意；另一个就是 เจริญ โภคภัณฑ์（汉语拼音 zhe long bo ge pan），意思是发展与生活有关的事业。谢正民觉得第二个名字更符合正大所从事的行业，就选定第二个名字作为新公司的名字。然后他就请当年 11 月来泰国探亲的父亲谢易初再给新公司起个中文名字。谢易初根据泰语 โภคภัณฑ์ 的读音，挑选与其读音接近的潮州话“卜蜂”两个中文字，作为新公司的中文名字。谢正民 1984 年在泰国接受当地报纸采访时说：“父亲给公司的中文命名为卜蜂，卜是预兆的意思，蜂是蜜蜂的意思，合起来的意思就是像蜜蜂筑巢一样同心协力，努力勤奋，建筑坚实的基础。”他继续阐述卜蜂的寓意说，“蜜蜂在中国古代是吉祥的象征，有刻苦勤奋的意思。意思就是我们卜蜂公司就像蜜蜂一样，勤劳刻苦，越飞越远。”

卜蜂的英文书写为：Charoen Pokphand，是泰语 เจริญโภคภัณฑ์ 的英文拼写，取英文单词的首字母简称 CP。

从此，正大集团在泰国的种子、农化事业等，用正大名称；饲料、养殖和食品事业等，用卜蜂名称，在泰国统称卜蜂集团，在中国则统称为正大集团。

2016 年，日本《日经新闻》（NIKKEI）的“我的履历书”栏目，刊发了对谢国民专题采访的内容，其中有谢国民对这一段历史的回忆，他说：“1953 年，我大哥创办了饲料事业。他致力于继续在与农业有关的领域内拓展我们家族的事业。他把公司命名为 Charoen Pokphand Store，即卜蜂集团。大嫂的养父是泰国的一位将军，Charoen Pokphand 这个名字就是他起的。Charoen 在泰语中的意思是繁荣，而 Pokphand 在泰语中含有农产品和大众商品的意思。我们最早创办的正大庄种子店仍然使用正大这个名称。后来我们到中国大陆发展，就想到把正大这个名称再作为我们集团在中国的企业名称，即正大集团，把正大这个名称广泛使用于我们在中国的各项业务当中。”

## 二十八、赴香港治胃病，不得已再下南洋

1960 年，正大集团在香港创立了一家综合贸易进出口公

司，即卜蜂国际贸易公司，由谢大民主管。到了1966年年初，谢易初因为胃溃疡严重，必须手术治疗，谢大民就将他的父亲谢易初从汕头澄海的白沙农场接到香港治疗胃病，那一年谢易初70岁。手术十分成功，经过一段时间的治疗和休养，谢易初完全康复了。

就在谢易初准备返回家乡，回到国营白沙农场，继续领导和从事科研工作的时候，文化大革命开始了。白沙农场的朋友们写信到香港对他说，因为他选作育种用的白洛克、白尼康肉鸡，白来帆蛋鸡，还有西瓜等品种，很多都是经香港转口贸易从美国引进的，所以有人写了谢易初的大字报，说他是美国经济间谍，劝他在这个时候千万不要回来。

在谢易初任职白沙农场期间，同为汕头人、曾在汕头市委担任副书记的吴南生，十分了解和爱护谢易初，也很关心谢易初的身体和去留。

在这种情况下，谢易初胃病治愈后，遗憾地未能再返回内地，准备从香港去泰国定居，与家人团聚。然而，中泰两国间的关系此时也发生了很大的变化，已经不容谢易初再返回泰国了。

1949年新中国成立后，中国政府积极发展同亚非拉各个国家的友好关系。可是当时再次担任泰国总理的披汶·颂堪元帅，外交上推行不与中国建交，导致中泰关系一直处于低谷。

直到1955年万隆会议期间，周恩来总理与泰国外交部长旺威·泰耶康亲王会晤，才开启了新中国成立后中泰两国政府间的正式接触，披汶总理的态度也发生了变化。1955年12月，披汶·颂堪总理利用到缅甸访问之机，秘密派代表到中国驻缅甸大使馆接触，通过两天的秘密会谈，双方达成在和平共处五项原则的基础上发展友好关系，尽快采取措施，增进相互交流，建立贸易和文化联系，以便最终实现两国关系正常化，并签署了联合声明。但鉴于当时特殊的国际环境，这份签署的联合声明没有公开发表。接下来的两年时间内，泰国来华访问的各类代表团就达到了 24 个，势头良好。然而，1958 年 10 月，泰国国防部长沙立发动了军事政变，披汶被推翻，被迫流亡日本。沙立上台后，立即抛弃了披汶刚刚开启的与中国对话、和好的政策，宣布禁止同中国的一切活动，直到 1972 年美国总统尼克松访华之前，中泰两国间政府和民间的一切往来全部停止，持续了 14 年，两国关系处于极不正常的状态。而且谢易初 1950 年家乡刚一解放，就从泰国回到中国参加新中国的建设，并且担任国营农场的领导人。

因此泰方对此时谢易初去泰国的申请不予批准。不得已谢易初于 1967 年由香港移居到新加坡。

直到 1972 年尼克松访华之后，特别是 1975 年中泰正式建交、恢复友好关系之后，谢易初才得以经常从新加坡来到泰国居住，或者根据事业发展的需要，一段时间住在泰国，一段时间住在新加坡。

# 第五章

# 改革开放，坚守三利报国

# 第五章　改革开放，坚守三利报国

## 一、创办第一家外商投资企业

1949年，中国人民在中国共产党和毛泽东同志的领导下，历经艰难困苦、英勇奋斗，成立了中华人民共和国，中国人民从此站起来了。新中国的成立，彻底改变了自1840年以来旧中国半殖民地半封建的极其落后羸弱的面貌，确立了新中国的政治体制和社会制度，制定了建设四个现代化强国的伟大目标，经过30年的艰苦奋斗，基本实现了国家工业化，取得了翻天覆地的伟大成就。

1978年，在中国共产党和邓小平同志的领导下，中国进入了改革开放和社会主义现代化建设新时期。在至2021年的43年时间里，经过全党、全国人民的努力奋斗，中国的经济建设和社会发展洪波涌起、波澜壮阔，创造了人类历史上的发展奇迹，改变了中国，影响了世界。中国人民从站起来，到富起来，再到强起来，厥功至伟，值得永远的纪念。

1978年12月，中共中央在北京召开党的十一届三中全会，决定中国“对内改革，对外开放”。这一特大新闻即刻就传遍了全世界。

当谢易初在新加坡听到中国打开国门、面向世界、实行改革开放这个激动人心的消息后，已经82岁的他高兴地说："这一天终于到来了，我知道，会有这一天的。"

那时的正大集团已经成为一家拥有雄厚实力的跨国企业集团，在泰国、美国、新加坡、印度尼西亚、马来西亚、日本，以及中国台湾、中国香港等地都有企业。

正大集团早在20世纪60年代初就在中国香港设立了卜蜂国际贸易有限公司，由谢大民主导负责，主要围绕着正大集团生产经营所需的原料采购和正大集团所生产的成品销售等在国际间的进出口贸易。1974年，正大集团又在中国香港设立了正大国际投资有限公司，由谢易初亲任董事长，负责正大集团在亚太地区的投资发展。

时不我待。1979年1月，谢易初就从新加坡到了香港，在香港利园酒店主持召开了正大集团高层会议，讨论要回中国内地投资发展、报效祖国、造福家乡的有关事项。他对谢正民、谢大民、谢中民、谢国民四个儿子说："无论如何也要到中国去。正大在世界各地做得再好，若对祖国无贡献，我将死不瞑目！"他还说，"要尽快进入大陆，不可慢，现在是最好的时机。"

这次会议不久的1979年3—4月，正值广州春季商品交易会，谢易初即从香港起身来到广州，这是他"文革"以后第一次回到内地。

时任广东省委书记吴南生在广州华侨大厦亲切接见了老朋友谢易初，这是他们"文革"前分别后十多年来的第一次见面，双方互致问候和牵挂之情。吴南生很关心谢易初的身体，看到谢易初身体健康，精神矍铄，他十分高兴。吴南生热情地畅谈和介绍了中央改革开放的大政方针和广东省先行一步的战略部署。当吴南生征求谢易初对祖国实行改革开放政策的意见时，谢易初说："很好，我相信。历史证明，党是说到做到的，改革开放将会给祖国带来活力，带来繁荣昌盛；将会给人民带来实惠，带来更大的幸福。"谢易初向吴书记表达了急切希望来大陆投资发展、报效国家的心愿，吴南生表示真诚欢迎正大集团来国内投资办企业。陈如民随同谢易初参加了这次难忘的会面，见证了这一历史的瞬间。陈如民，祖籍汕头，1939 年出生，是谢易初的表侄，其祖母是谢易初的姑姑，现任正大集团所属正大（汕头）投资有限公司总经理。

吴南生，广东省汕头市人，1922 年出生于汕头市小公园开埠区的贫民家庭，2018 年在广州去世，享年 96 岁。1936 年参加华南抗日义勇军，1937 年加入共产党，1944 年赴延安学习。1949 年至 1955 年，担任汕头市委副书记等职。1978 年任广东省委书记，1985 年担任广东省第五、第六届政协主席。

吴南生，"文革"初期受到冲击，1971 年被安排重新工作，1978 年出任广东省委书记。在中央和以习仲勋为第一书记的广东省委领导下，吴南生当时正参与主导广东省改革开放先走一步和建设广东经济特区的大政方针，并于 1980 年 5 月开始兼任广东省经济特区管理委员会主任、1980 年 6 月开始兼任深圳市委第一书记、市长，具体负责深圳、珠海、汕头三个经济特区的领导工作。在兼任深圳市委第一书记期间，他带领深圳经济特区人民走“引进外资、实行市场经济为主”的发展道路，招商引资，发展经济，克服了重重困难和压力，为改革开放初期深圳经济特区的创办和发展作出了积极贡献。吴南生是广东经济特区早期的重要开拓者和贡献者之一，被誉为“特区之父”。

与吴南生的这次会见，使谢易初的思想更为明确，更加坚定了他回大陆投资实业、报效祖国的信念。会见回来后，他对家人说:“到祖国投资兴办企业，要注意，是我们的祖国，一切要为祖国的利益着想，要出钱献力，诚挚合作，扎扎实实为改革开放效力。”

这次在广州，谢易初还参观了广州的中国进出口商品交易会，并会见了蚁美厚、许士杰、林派捷、王浩真等许多老领导和老朋友，其中有的已经工作和居家在广州了，而更多的是从澄海赶来的原在澄海县委县政府、澄海白沙农场工作的老同事、老朋友。分别十多年后的相聚，真的令人欢欣鼓舞，百感交集。

有一个未经核实的说法，说吴南生书记1978—1979年曾经写信给老朋友谢易初，告知他祖国改革开放的消息，欢迎他回国投资发展。至于是否有吴南生与谢易初之间的这次通信，以及他们之间是如何联系上的，笔者问询陈如民和谢灯，他们均不知其间的详情；问询李闻海，他也不了解情况。

李闻海，祖籍汕头，1957年出生，曾任汕头市旅游局局长，现任正大集团副总裁、正大集团华南区首席代表，在吴南生生前代表正大集团多次看望和问候吴南生。

正当外国的投资商、企业家都还对中国的改革开放政策和是否去中国投资观望徘徊、犹豫不决的时候，在谢易初的安排下，遵照谢易初的心愿和意见，时任正大集团总裁的谢国民果断决策、快速行动，决定先赴广州拜访父亲谢易初的老朋友、老领导吴南生，向吴书记当面汇报正大集团支持改革开放、投资企业、报效祖国的计划，听取他的指示和意见。

2014年4月5日，谢国民（左一）来到吴南生（中）家中看望吴老。李闻海（右一）陪同看望。（照片由李小锋拍摄）

1979年9月间，吴南生书记安排在自己的家中亲切会见了谢国民，并对正大集团来大陆投资发展、支持改革开放，给予了充分肯定和高度评价及具体建议。

在吴书记的支持和指导下，1979年11月初，谢国民带领正大集团的外籍管理团队，经由香港来到深圳。在深圳各级党政机关和领导的支持、帮助下，经过实地考察、洽商，基于对谢国民的信任，在谢国民的主导下，正大集团动员和联合美国康地集团达成协议，各出资50%，总投资3000万美元创办了“正大康地（深圳）有限公司”，并于1981年1月18日领取了《中华人民共和国台港澳侨投资企业批准证书》外经贸深外资证字0001号。这份珍贵的批准证书，成为一份记录中国改革开放的珍贵历史文献而载入史册。正大集团成为改革开放后第一家进入中国大陆的外商投资企业，是中国改革开放发展历程中的一个里程碑事件。

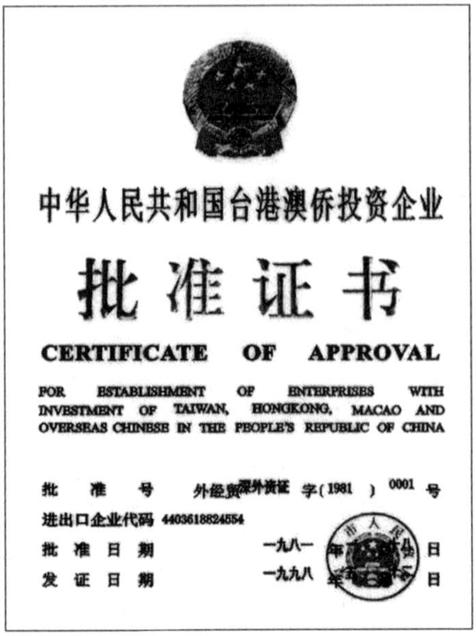
中华人民共和国台港澳侨投资企业
批准证书
CERTIFICATE OF APPROVAL
FOR ESTABLISHMENT OF ENTERPRISES WITH INVESTMENT OF TAIWAN, HONGKONG, MACAO AND OVERSEAS CHINESE IN THE PEOPLE'S REPUBLIC OF CHINA

批准号 外经贸深外资证字（1981）0001号
进出口企业代码 4403618824554
批准日期 一九八一 年 日
发证日期 一九九八 年 日

外商投资企业0001号批准证书。（照片由正大集团北京总部宣传中心提供）

1983年，谢国民再次来到深圳，原深圳市南头公社书记潘锦容向谢国民介绍投资环境。（照片由正大集团北京总部宣传中心提供）

在庆祝改革开放40周年之际，2018年11月13日—2019年3月20日，中央宣传部、中央改革办、中央党史和文献研究院、国家发展改革委、商务部、中央军委政治工作部、新华社、北京市，在国家博物馆共同举办了《伟大的变革——庆祝改革开放40周年大型展览》，正大康地0001号外商投资企业批准证书（复制件）列展其中。

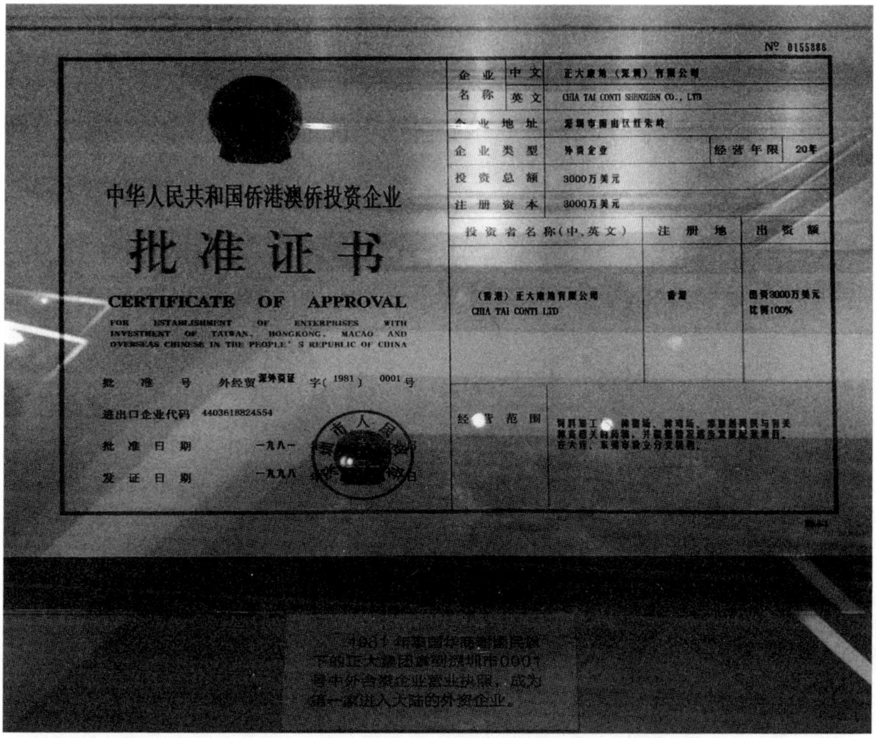


国家博物馆举办的《伟大的变革——庆祝改革开放40周年大型展览》，正大康地0001号外商投资企业批准证书（复制件）列展其中。下方图片说明文字为：1981年泰国华商谢国民旗下的正大集团拿到深圳市0001号中外合资企业营业执照，成为第一家进入大陆的外资企业。（照片由薛增一拍摄）

真是无独有偶。为庆祝中华人民共和国成立70周年，2019年9月24日—12月31日，《伟大历程，辉煌成就——庆祝中华人民共和国成立70周年大型成就展》在北京展览馆举行。展览由国家发展改革委、中央宣传部、中央军委政治工作部、北京市委主办，中央广播电视总台、央视网承办，其中精选了共和国150多个第一，第一台蒸汽机车、第一个大型化肥厂、第一颗原子弹、第一座长江大桥、第一个大油田、第一台电子显微镜、第一次研制成功乙肝疫苗等，它们是新中国无数个“第一”的代表，是新中国艰苦奋斗的缩影。十分惊喜的是，正大集团也为国家创造了一个“第一”。在陈列的展品中有一块展板，上面有一张边建设边生产的正大康地深圳饲料厂的老照片，展板上的大字写着“正大集团成为第一家进入中国大陆的外资企业”。

正大集团作为第一家进入中国大陆的外商投资企业，两次入围国家级大型展览，这是中国党和政府，对正大集团积极投身于中国改革开放伟大事业所作贡献的充分肯定和表彰。

正大集团为改革开放创造了一个“第一”：正大集团成为第一家进入中国大陆的外资企业。（照片由薛增一提供）

## 二、“三利原则”把国家的利益放在第一位

爱国爱乡、无私奉献的高贵品德和思想，办实业把国家的利益和人民的利益放在第一位的经营理念，贯穿了谢易初的一生。

关于创业、办企业，谢易初在思想理念上，有一个闪闪发光的原则和宗旨，他常常对家人和同事说：“兴办实业，要对人民、国家有利。”他知行合一、始终一贯地坚守品质第一的做事原则和正直诚信的做人原则。他把自己的企业名称命名为“正大庄”“光大庄”，就是正大光明地宣示着他绝不做损害投资所在国家利益的事，绝不做损害投资所在地人民利益的事，绝不做坑害顾客和消费者利益的事，不光是不损害，而且他还要为国家、为人民作出贡献，甚至是不求回报的无私奉献，“文革”前他在澄海农场、白沙农场工作了14年（1952—1966年），一直是这样的，不是一年，是十四年如一日！从1950年汕头刚刚解放，谢易初就投身到家乡的经济建设和发展，即使是经过波折，也没有动摇他报国爱国的信念，他坚信中国总有一天会打开国门，未来的发展一定在中国，他时刻牵挂着祖国，时刻准备着去中国大陆投资发展，支援和参加祖国的建设。

得知中国实行改革开放的消息后，在1979年1月正大集团决定回国发展的高层会议上，他对四个儿子说：“我们回去，一定要把事业搞成功，要多想想怎样对国家、对农民、对消费

者都有好处，不要只想赚多少钱回来。”谢易初的心愿和理念，是正大集团“三利原则：利国利民利企业”的发起和雏形。

谢国民在 1979 年年底组织第一批外籍管理团队来中国投资发展的时候，他挑选了具有中国血统、会讲中国普通话的泰国华裔领导骨干，临行前他叮嘱大家说：“在中国做事，不能只想着对集团有利，要树立一个标准，就是‘三个有利’，第一是对国家有利，第二是对老百姓有利，第三才是对集团有利。”这就是谢国民总结和概括的正大集团“利国利民利企业”的“三利原则”，是正大集团百年发展历程中，克服种种困难，不断开拓创新、发展壮大的定海神针。

包括“三利原则”在内的“正大集团六条价值观”，是谢国民总结、传承、发扬了源自他父亲谢易初“兴办实业，要对人民、国家有利”“要多想想怎样对国家、对农民、对消费者都有好处”的为国为民、爱国爱乡、奉献贡献的一贯精神和实践经验，以世界级商业思想家的大战略、大格局，高瞻远瞩地作出的理论概括。

“正大集团六条价值观”学习卡片。（照片由正大集团北京总部宣传中心提供）

正大集团的六条价值观是“三利原则、快速优质、化繁为简、接受变革、不断创新、正直诚信”，而谢国民把“三利原则”放在正大集团六条价值观的第一条，定位为正大集团的经营哲学和企业宗旨。

“为国为民”的思想理念，是谢易初为正大集团铸就的定海神针。因“为国为民”之“厚德”，而“承载”了“百年正大”之贡献，真乃“厚德载物，基业长青”。

有了“三利原则”，正大集团作为一个跨国企业，无论到哪种社会制度、哪种宗教信仰、哪类发展阶段的国家和地区去投资发展，都有了灵魂、有了方向。

有一次泰国电视台播放了采访谢国民的节目，主持人问：“为什么很多人到国外去投资都失败了，而你们正大都很成功？”谢国民回答说：“因为我们有三利原则，就是首先要对投资所在的国家有利，第二是对投资所在国的人民有利，最后才是对我们集团有利。如果对所在国家没有利，对所在国的人民没有利，你的投资很难成功。”

从 1979 年投资深圳创办中国改革开放后进入大陆的第一家外商投资企业开始，到 1990 年前后，短短 10 年之间，正大集团以“三利原则”为宗旨在中国投资发展，得到了中国从中央到地方，各级领导和合作者的广泛赞誉和支持，与中国广东、上海、北京、吉林、四川、重庆、山东、黑龙江、河南、安徽、江苏、浙江等众多省市自治区通过独资、合资、合作等多种形式展开丰富多彩的多元化投资事业，积极和大力支持中国的改革开放事业。这10年间，有五大标志性事件最有名，即正大康地、正大综艺、上海大江、上海幸福牌摩托车，特别是邓小平1990年4月7日在人民大会堂亲切会见谢国民及由他率领的正大集团高层一行。

2004年8月21日，新华社新华网发表了驻泰国记者李国田采访谢国民的文章，题为《泰国正大集团董事长谢国民忆邓小平》，文中说：

“邓小平是我最敬佩的一位伟人。我见过很多国家元首和商界领袖，与邓小平的会面令我终生难忘。”泰国正大集团董事长谢国民日前在接受新华社记者专访时，深情地回忆起受到邓小平接见时的情景。

谢国民说，1978年中国开始实行改革开放后，他到中国投资，在深圳经济特区建立了企业。“后来，我目睹了中国发生的翻天覆地的变化，更加敬佩邓小平，越来越想当面聆听这位政坛风云人物的真知灼见”。“1990年的春天，这个愿望终于实现了。”

谢国民说：“能够当面领略伟人的风采，大家内心都很激动。邓小平步入会客厅后，就热情地和大家打招呼，边握手边对我说，你们弟兄几个的名字起得很好，连起来就是正大中国，这说明你们很爱国啊。落座后，我汇报了正大集团的发展和在华投资的情况，邓小平始终微笑着，还不时询问正大集团发展农牧业和公司带动农户的具体做法，态度慈祥和蔼，让人倍感温暖和亲切。”

谢国民说：“邓小平听完汇报后，对我们的做法给予了肯定和赞赏。他说，正大集团到中国投资，而且投资额很大，主要集中在农牧业，难能可贵，希望能成为外商投资的典范。邓小平还高度赞扬了华人企业家为改革开放作出的贡献，提出‘我们还有几千万爱国同胞在海外，他们希望中国兴旺发达，这在世界上是独一无二的’。这番话在海外华人中间引起了很大反响。”

谢国民说：“正是因为我们坚信邓小平的英明决策，看到中国基本政策不动摇，才搭上了中国这班经济快车，使在中国的事业得到了不断发展。”

邓小平同志会见谢国民谈话的一部分以《振兴中华民族》为标题收录在《邓小平文选》第三卷，载入史册。这次难忘的会

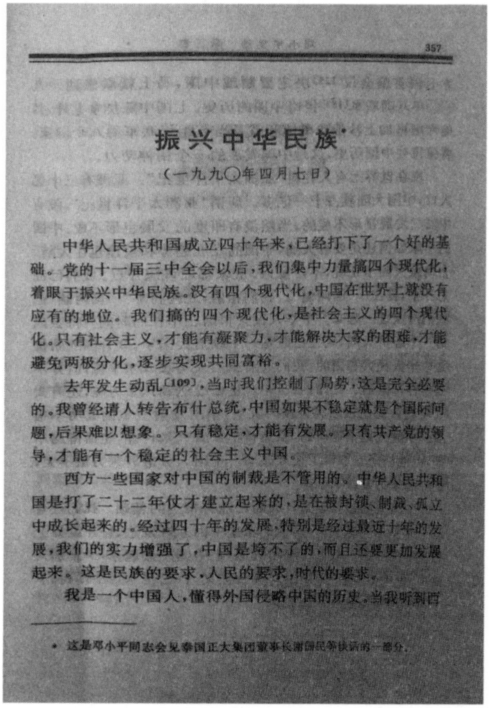

357

振兴中华民族*

（一九九〇年四月七日）

中华人民共和国成立四十年来，已经打下了一个好的基础。党的十一届三中全会以后，我们集中力量搞四个现代化，着眼于振兴中华民族。没有四个现代化，中国在世界上就没有应有的地位。我们搞的四个现代化，是社会主义的四个现代化。只有社会主义，才能有凝聚力，才能解决大家的困难，才能避免两极分化，逐步实现共同富裕。

去年发生动乱[109]，当时我们控制了局势，这是完全必要的。我曾经请人转告布什总统，中国如果不稳定就是个国际问题，后果难以想象。只有稳定，才能有发展。只有共产党的领导，才能有一个稳定的社会主义中国。

西方一些国家对中国的制裁是不管用的。中华人民共和国是打了二十二年仗才建立起来的，是在被封锁、制裁、孤立中成长起来的。经过四十年的发展，特别是经过最近十年的发展，我们的实力增强了，中国是垮不了的，而且还要更加发展起来。这是民族的要求，人民的要求，时代的要求。

我是一个中国人，懂得外国侵略中国的历史。当我听到西

* 这是邓小平同志会见泰国正大集团董事长谢国民等谈话的一部分。

《邓小平文选》第三卷第357页《振兴中华民族》。该书编者注：这是邓小平同志会见泰国正大集团董事长谢国民等谈话的一部分。（照片由薛增一拍摄）

见，毫无疑问地体现了中国党和政府对正大集团在中国改革开放后，第一时间来大陆投资发展、坚定支持和积极参与中国改革开放伟大事业前10年取得成就的充分肯定。这是一个褒奖的肯定，这是一个光辉的总结，当然这也是一份沉甸甸的责任和使命。

## 三、倾力捐助家乡发展

谢易初十分积极地支持和参与中国的经济建设和社会发展，除了兴办实业、发展经济以外，他还十分热心公益事业。

据中共汕头市澄海区委、汕头市澄海区人民政府编印的《造福桑梓　时代流芳——谢易初先生家族的澄海情结》介绍，在谢易初的领导下，谢易初和家人先后为澄海的教育、体育、医疗卫生、社会福利等事业捐资近2亿元人民币。

谢易初和家人为汕头市、为澄海区捐资、捐建、捐助的项目，包括汕头市谢易初中学、汕头市体育馆、澄海县人民华侨医院、澄海县华侨中学等多处小学、中学、医院、敬老院、体育馆、纪念馆、桥梁等公益设施，为家乡的改革开放和经济社会发展作出了突出贡献。

在为汕头市、为澄海县捐资、捐建、捐助的众多公益慈善项目中，举四例典型如下。

其一，捐建捐助澄海人民华侨医院。1979年，澄海县筹建澄海人民华侨医院，资金不足，谢易初在香港得知消息后，第一时间从香港汇款到澄海人民华侨医院筹建处，主动捐建医院主楼。此后又先后多次为医院捐资，从国外购买先进的医疗设备。据院史资料记载，谢易初累计为医院捐资达2100万元人民币。医院在主楼的外墙正面镶嵌了“谢易初大楼”五个大字，以示医院对谢易初的感恩和永久的纪念。

澄海人民华侨医院，即澄海人民医院，谢易初捐资建造的大楼。（照片由薛增一拍摄）

其二，捐建捐助澄海华侨中学。谢易初捐资助教澄海华侨中学始自1959年，当年澄海华侨中学刚刚创办不久，谢易初即捐资人民币1000元，帮助学校用于校舍建设。改革开放后，从1984年起，谢易初和家人先后于1984年捐资300万港币，为学校兴建了易初科学馆、学生宿舍楼、教师宿舍楼；于1987年捐资50万港币，作为学校奖教金、奖学金；于1988年捐资人民币20万元，用于充实学校易初科学馆的设备和设施；于1995年捐资人民币100万元，用于学校易初科学馆更新设备和装修；于2007年捐资人民币81万元，用于购置学校图书馆图书及配套设施。

谢易初和家人，心系家乡教育事业，慷慨捐资兴学，为澄海华侨中学的建设和发展作出了突出贡献。他们爱国爱乡、回报社会的精神和行为，教育了一代又一代的澄海华侨中学的学子们。学子们从谢易初及其家人身上学会了贡献社会、感恩社会的美德。他们的事迹必将在澄海家乡永续流传，他们的精神必将成为澄海华侨中学一笔宝贵的精神财富！

建在校园中的易初科学馆，于1984年开始建设，1986年投入使用，建筑面积2885平方米，当初配备了一系列最先进的现代化教学和科学实验设备，供教师教学、科研和同学们学习使用。在易初科学馆内的大厅，安放着一座由汕头籍著名雕塑家唐大禧创作的石雕作品——谢易初先生纪念像，供人们瞻仰。随着学校的发展和场馆使用功能的调整，“易初科学馆”于2012年更名为“易初美术馆”，现作为学校美术教学和美术作品展出的专门场馆。

谢易初先生纪念像。上面刻着“谢易初先生 1896—1983”五个鎏金大字和生卒年份。雕像中，他左手拿了一串葡萄，右手持一个放大镜，在聚精会神、孜孜不倦地研发葡萄品种。（照片由正大集团北京总部李栩源拍摄）

2021 年 7 月 28 日，笔者一行来到澄海华侨中学参观，瞻仰谢易初先生纪念像，之后在易初美术馆前合影留念。前排左起：张曙晖、谢灯、林典发、薛增一、蔡耀得校长、杜式韩；后排左起：陈伟豪副校长、陈锡深副校长、李栩源、李小锋、蔡乐汕副校长。（照片由澄海区委统战部陈镇锋拍摄）

1990 年 3 月，澄海县华侨中学专门给谢易初的四个儿子、正大集团的四位领导人谢正民、谢大民、谢中民、谢国民写信汇报了学校“勤教勤学”取得各项优异成绩的情况。全信如下：

尊敬的正民、大民、中民、国民先生：

易初老先生爱国兴学，造福桑梓之热忱，遐迩颂扬。诸位先生继承父志，建造县侨中科学馆、教师宿舍、学生宿舍、增添科学仪器，设立奖教奖学金，为办好侨中，造就人才，做出卓著贡献。师生员工念念不忘你们的深情厚谊。现奉送“谢易初先生家族捐建的教师宿舍、学生宿舍”勒石相片，以志念。

华侨中学在蚁美厚董事长及各位理事的亲切关怀下，在易初老先生家族及海外侨胞的大力支持下，在县政府和教育机关的直接领导下，师生员工齐心协力，越办越好，不断进步。现将1988—1989学年度教学成绩，向你们作简要汇报，望赐教。

（一）重视学生的道德品质教育，形成良好校风。学校荣获澄海县文明学校，汕头市文明单位称号。校团委连年被评为汕头市中学生实践活动先进单位。

（二）师生勤教勤学，教学质量明显提高。去年和前年一样，各有62名学生，通过国家统考，被录取到大专院校深造。我校是重点中学，这个成绩，受到教育部门的嘉奖。有37名学生参加县的作文、数学、物理、化学、地理、植物、美术等知识竞赛，分别获得一、二、三等奖。陈庆之同学参加广东省中学生植物知识竞赛，获二等奖。高三级学生蔡泽瑾，书画、刻印有很深造诣，被中国青少年书画协会吸收为会员，在香港出版专册，其作品多次在全国报刊发表。

（三）发展我校体育优势，不断提高技术水平。我校有54名学生，代表县参加汕头市第七届运动会，共获30枚金牌，9枚银牌，10枚铜牌，打破一项省纪录，破12项市纪录，为70万澄海人民争光。我校篮球队参加汕头市第四届“世平杯”篮球赛，获第三名。在县多类体育竞赛中，我校获篮球赛冠军，获田径赛初中冠军，高中亚军，获军事队列操赛冠军。此外，还向省输送4名优秀运动员。

（四）开展国防教育活动，增强学生国防意识。八月，汕头市在我校召开国防教育现场会，11月，团中央以及多省团委领导到我校参观学生军事训练，学生以出色表演，博得团中央、军区首长的高度评价。省、市电视台和报纸，作了报导。

此外，我校高一、高二两个美术班，在县文化馆举办“美术作品展览会”得到社会人士好评。学校歌舞队参加县、市汇演，多次获奖。在县的歌咏比赛中，我校获第一名。

我们将再接再厉，把侨中办得更好，绝不负侨胞所望。

叩颂

大安！

澄海县华侨中学校长室 侨联会

1990年3月25日

其三，捐建汕头市谢易初中学。正大集团捐资1800万元，于1997年建成，被汕头市人民政府命名为“谢易初中学”。

谢易初中学校园大门。（照片由薛增一拍摄）

为了永远纪念谢易初爱国爱乡、无私奉献的高贵品格和重要贡献，政府和校方在校园正门内的广场处矗立了一座谢易初铜像，他老人家端坐远眺，慈爱祥和。铜像的大理石基座上镌刻着广东省委原书记吴南生题写的铭刻《谢易初先生纪念像　吴南生敬题》；基座的背面镌刻着纪念碑文，碑文的标题“正大中国”四个字也为吴南生书记题写，碑刻全文如下：

## 正大中国

谢易初先生（1896—1983）著名实业家、农艺家，吾邑外砂蓬中乡人，少年神羽俊秀，具奇伟之志。及长，业攻农艺。1922年（笔者注：1919年赴泰国，1921年创办正大庄）赴泰京谋生，创办正大庄菜籽店，历经艰苦勤业，生意日隆。新中国建立之初，先生返国，先后任澄海国营农场技术员、副场长，并荣膺县侨联主席、广东省政协委员、全国侨联委员等职。致力改良蔬菜、水稻及家禽品种，业绩卓著。1965年秋（笔者注：1966年初），先生再度旅泰拓展正大实业。先生爱国爱乡，造福桑梓，亮节高风，国人共仰，乃有“澄海骄子、炎黄之光”美誉。哲嗣正民、大民、中民、国民诸先生皆能秉承父志，克绍箕裘，兰桂腾芳，遂使正大公司发展为国际化公司，誉满五洲，贤昆仲热心家乡公益，今又捐巨资人民币一千八百万元，创办谢易初中学。总建筑面积一万七千五百平方米，校舍宽敞宏伟，溢彩流芳。为感先生盛德，特撰记勒珉，永传百代，垂徽万亿。

一九九九年八月 澄海市外砂镇人民政府立

矗立在谢易初中学校园内广场上的“谢易初先生纪念像”（铜像），由汕头籍著名雕塑家唐大禧创作。（照片由薛增一拍摄）

其四，捐建汕头市正大体育馆。正大集团捐资4530万元，于1999年建成，是汕头市第一座现代化大型体育馆，被汕头市人民政府命名为“正大体育馆”。体育馆大厅的正面墙上镶嵌着大幅的大理石碑刻，由澄海区人民政府于1999年9月在正大体育馆落成时设立，碑文铭记了正大集团捐资建馆的事迹，以作永远的纪念。碑文的最后是一首藏头诗，诗云："正义承家训，大业跨数洲，中自怀仁爱，国事记心头，建设为桑梓，体察也云稠，育才身先健，馆场上头筹"。其首字组成一句话："正大中国建体育馆"，包含着谢正民、谢大民、谢中民、谢国民四位正大集团领导人的名字，寓意对他们的敬爱和感谢。

正大集团捐资援建的汕头市正大体育馆。（照片由薛增一拍摄）

其他公益事业诸如：捐资修建始建于明朝天启年间，迄今已有400多年历史的古代建筑物——蓬中村谢氏宗祠；自2006年开始，每年都捐助25万元左右，通过村党委和村委会对蓬中村中生活遇到困难的村民给予生活补助，至今已延续了16年，总额达到372.63万元；捐助395.63万元建设蓬中村华侨学校；捐资300万元建造汕头市第二中学教学大楼；捐资150万元建造澄海区樟林古港纪念馆大楼；捐资480万元修复潮州广济桥楼阁亭屋；等等，数不胜数。

# 第六章
# 友好往来，传播中泰友谊

## 一、一粒种子，联结和惠及中泰两国人民

自 1919 年谢易初第一次带着家乡澄海的优良蔬菜种子下南洋来到泰国，到 1983 年他去世，在长达 64 年的时间里，他不顾环境艰险和旅途劳顿，无数次长途跋涉、穿梭于中国和泰国之间。他在中国和泰国开办农场，引进、选育、培育、种植蔬果良种，进行科学研究，把先进的农业科研成果和种植技术在两国间传播、交流，推动和促进两国的农业生产发展和蔬果品种改良与创新，为两国的消费者提供和增添优质及新的蔬果品种；他在中国和泰国之间开展进出口贸易，推动和促进两国的经济繁荣；他在中国和泰国培育农业科技人才，促进文化和科技交流，特别是把中华文化带到泰国，传播中华文明，与泰国人民和睦相处，世代友好；他在中国和泰国兴办实业，经营商业，创办了正大集团，培养了一大批工商企业界的精英人才；他在中国和泰国开展慈善公益事业，扶贫救困；等等无数的功德和业绩，回馈中国社会、回馈泰国社会，为中泰两国的友好交往和经济发展作出了突出的贡献，他的事迹是十分感人

的。中泰两国人民永远怀念他。

如今的正大集团已经连续多年名列泰国第一大企业，为泰国的经济建设和社会发展作出巨大的贡献，得到了泰国王室、泰国政府和泰国人民的普遍尊敬、爱戴和支持、帮助。

## 二、多次邀请中国友人访问泰国

从 1979 年到 1983 年，谢易初先后多次回到中国访问，其中有三次回到澄海访问，并邀请国营澄海农场、白沙农场的林派捷场长等众多老同事、老朋友到泰国做客、参观。

1980 年 11 月 12 日，林派捷（左）应邀访问泰国期间，登门拜访和看望老友谢易初，与谢国民合影留念。（照片由林戈、林戟提供）

## 三、热情接待访问泰国的潮剧团

1979年夏，应泰国中泰友好协会会长差猜·春哈旺先生的邀请，中国政府委派广东省潮剧团代表中国赴泰国访问演出。

差猜·春哈旺，1922年生于曼谷，1998年病逝，祖籍广东汕头澄海，本姓林，泰国华裔后代，父亲是泰国陆军总司令屏·春哈旺元帅。差猜·春哈旺先生于1988年至1991年出任泰国第25任总理。1975年7月他在任外交部长时率领代表团到中国北京，与中国政府签订了两国正式建立外交关系的协约，1976年3月参与创立泰中友好协会，并任主席。差猜·春哈旺先生对中国十分友好、亲善。

这是“文革”后中国政府派往泰国的第一个高级别文艺团体，泰国方面非常重视，接待规格很高。剧团抵达曼谷的时候，中泰友好协会差猜·春哈旺会长亲率泰国国家福利院院长、泰国接待委员会官员、泰国侨领、华人社团、泰国国家电视台和报社的记者等云集曼谷机场，这其中就有泰国华侨华人代表谢易初，热情迎接来自中国的客人。

这是谢易初自1966年初离开家乡后，第一次在泰国见到来自家乡的亲人们，他十分高兴。

当时剧团入住在曼谷的文华酒店，曼谷市政府为了剧团人员的安全，保安措施很严格，会见剧团人员一律进行登记，不得自行进入。中方要求也很严格，剧团所有人员未经批准不得自行外出。谢易初则经常来看望大家，还在曼谷设宴，请潮剧团成员吃饭，席间频频举杯，谈话不断，气氛十分融洽、亲切。每隔几天，谢易初就派人给剧团送一批水果，诸如泰国特产红毛丹等，人人有份。临别时，他给剧团送来当地特产，每人一包。谢易初对大家在泰国访问演出期间的生活，关照得十分周到，无微不至，剧团全体人员深受感动。

在代表团邀请他出席的座谈会上，谢易初深情地说："你们来泰国演出，我不知道用什么办法来表达我对剧团的关照。我想千条万条演好戏是第一条，戏演好，大家都高兴，主人高兴，观众高兴，生长在泰国的乡亲更是高兴，觉得脸上有光。看到自己祖国强大，家乡文艺繁荣，加深对祖国和家乡的热爱，这该多好啊！另外，我请大家注意，这里是泰国，是热带，不是汕头，气候完全不一样。住地有冷气，剧场有冷气，车上有冷气，可是离开冷气就是热烘烘的，因此容易感冒生病，需要特别注意，保重好身体。身体健康，才能完成国家的任务。这是包括我在内的千千万万华侨的期望。"

谢易初身体力行，亲力亲为，为中泰两国的文化交流作出了突出贡献。

# 第七章
# 青史丰碑，铸就世代流芳

# 第七章　青史丰碑，铸就世代流芳

## 一、邓颖超看望谢易初

1980年2月初的一天，谢易初临时接到一个特别的通知，说中国全国人大常委会副委员长邓颖超要在曼谷下榻的酒店会见他。

原来，1980年2月1日至15日，为增进中泰两国政府和两国人民的传统友谊，巩固两国的友好关系，时任全国人大常委会副委员长、周恩来总理的夫人邓颖超率领中国全国人大代表团抵达泰国曼谷，开始为期两周的友好访问。

她一到曼谷，就提出来要看望谢易初。于是，中国驻泰国大使馆赶忙进行安排，派专人通知谢易初。

谢易初感到很诧异，他不知道邓颖超副委员长是怎么知道他的，为什么一到曼谷就提出来要看望他呢？

其实，邓颖超来泰国访问之前就已经了解了谢易初的情况，当年新中国成立他一解放就返回祖国，投身于新中国的建设，曾任白沙农场的副场长，1958年冬天还给远在北京的毛主席、周总理送来了时产珍稀的冬熟西瓜呢，而且谢易初曾担任中国侨联委员，特别是正大集团 1979 年第一时间来中国大陆，在深圳创办了改革开放后大陆第一家外商投资企业——正大康地（深圳）有限公司，何人不知，谁人不晓呢！

这是一次难忘的会见。邓颖超副委员长给谢易初带来了祖国的问候，带来了中国党和政府的关怀，对他身在海外、情系祖国的事迹给予高度的肯定和赞扬。

## 二、不幸因病辞世

1980 年，与往年一样，是谢易初忙碌的一年。这一年他 84 周岁。2 月的时候，他在泰国受到了前来访问的中国国家领导人邓颖超的亲切会见。其后不久，他就到了香港，还把与邓颖超副委员长的合影照带来香港，冲洗、装裱成大幅合影照，珍重地悬挂在了正大集团香港总部大楼的办公室里。

之后，他从香港再去广州。从广州返回泰国的时候，他带领了原白沙农场的一批老同事、老朋友到泰国参观、访问。

在泰国送走原白沙农场的老同事、老朋友之后，他惦记着种植在新加坡的葡萄园，他正在培育新的葡萄品种，便赶到了新加坡。

培育葡萄新品种，是谢易初早已安排好的计划。他想着家乡潮汕地区人多地少，应该多种植一些经济价值高的作物，葡萄就是其中的一种。因为葡萄只能在温带生长，而新加坡跟潮汕地区一样属于亚热带气候，如果葡萄能够在新加坡试种成功，那么就可以带回家乡潮汕地区推广。他始终想的是奉献，无私的奉献。

到了新加坡的第二天一大早，谢易初就进入葡萄园查看正在试验栽培中的葡萄。由于一路劳顿、辛苦，他突发脑中风，猝然晕倒在葡萄架下。

经过紧急救治，病情被控制住，保住了性命，但四肢已经不能活动了，也不能说话，行动不能自理。

消息很快传到了广东省委书记吴南生处，吴书记立即指示广州中医学院组织两位知名中医组成的专家组前往新加坡与当地医生一起参加对谢易初的治疗。

时任广州中医学院组织部部长彭绍凤，接到省委和学院的指示后，组织中医学院的著名中医针灸专家司徒玲教授和中医学院附属中医院的一位著名中医，组成专家组赶赴新加坡。专家组临行前，省委和学院领导再三叮嘱，要尽一切努力，把谢老的病治好，两位专家也满怀信心地表示一定会精心治疗。专家组赶到新加坡后，采用中医传统方法，以针灸疗法为主，对谢易初进行有针对性的治疗。接着又参与护送谢易初回到泰国曼谷的家中，继续进行治疗。经过一段时间的治疗，谢易初的病情有所改善，能坐轮椅，能看东西，能听声音，还可以简单地说一两句话，但始终未能完全恢复。

在与病魔作斗争的同时，他还是念念不忘中国、不忘家乡，无数次坐着轮椅接待来自中国大使馆、中国各地政府、广州和汕头家乡，以及泰国的友好人士、亲朋好友等各方面前来拜访、看望、问候他的客人。每当有客人来访，他总是提前做好准备，穿着整洁，让家人备好食物和果品、饮品，等待客人的到来。见到客人后，他兴高采烈，虽然说话有些困难，但他眼光神采依旧，坚持一字一字地或借助手势与大家交流。临别时，他也常常坚持坐着轮椅把客人送到大门口，才依依不舍地与大家挥手告别。而分别时他说的最多的一句话是：我要回汕头！我还要去看潮州戏！主宾双方常常热泪盈眶，依依惜别。

很多家乡的客人回忆说，中国客人到泰国访问，无不受到泰国华侨十分热情、周到的接待，但像谢易初那样无微不至、爱护备至，可以说是绝无仅有！

不幸的是，1983 年 2 月 5 日，谢易初因病救治无效，在泰国曼谷蓬密医院（英文：Prommitr Hospital）与世长辞，终年 87 周岁。

谢易初逝世后，遗体由家人安葬于泰国曼谷附近的班布恩区（英文：Ban Buend District）的谢氏家族陵园内。

谢易初奋斗一生，毫无私心地为祖国、为家乡作出了卓越的贡献，厚德载物，彪炳千秋，赢得了中国中央领导和各级党政领导及人民群众的高度赞誉和衷心爱戴，人们永远怀念他，敬爱他，纪念他。

## 三、诞辰 92 周年纪念大会

1988 年 11 月 22 日，澄海县在华侨大厦隆重举行了纪念谢易初先生诞辰 92 周年大会，500 多位来自海内外的各界领导、代表、亲朋好友怀着对谢易初先生无限怀念和敬仰的心情，出席了纪念大会。这次为时两天的纪念活动，在汕头盛况空前。

在纪念大会上，时任澄海县委书记杜绍强、中共海南省委书记许士杰、全国侨联副主席蚁美厚、国务院侨务办公室副主任李星浩、汕头市市长陈燕发、汕头市副市长陈喜臣等领导人先后发言，从不同侧面论述和缅怀了谢易初先生的爱国爱乡、科学精神、对祖国建设作出的重大贡献，他作为先侨俊彦，其爱国风范和事迹，必将传世，号召人们继往开来，发扬光大。

时任正大集团董事长的谢正民，代表专程莅临汕头参加纪念活动的亲属致答谢词，他在答谢发言中说："我们永久记得父亲的伟大精神，也秉此精神在农业畜牧业一贯经营上脚踏实地的努力及实践，希望能够达到父亲成就的百分之一。万望各位能再继续爱护及协助我们，使我们进一步在农业工业化上成长，并回馈给我们的家乡、我们的祖国。"

纪念大会后，与会嘉宾还应邀出席了正大集团在汕头的投资项目——广大畜牧有限公司汕头养猪场项目落成剪彩活动；参观了由谢易初及家人捐资兴建的澄海人民华侨医院谢易初大楼及部分设备、澄海县华侨中学内的"易初科学馆"，并瞻仰了安放在"易初科学馆"大厅中的谢易初先生纪念像。

第二天，时任正大集团总裁的谢国民，应邀在汕头特区管委会大楼多功能厅，作了题为《国际经营经验谈》的报告。汕头市、汕头特区、汕头各区县的领导干部和单位负责人共500多人到会听取了谢国民所作的报告，并观看了记录正大集团发展史的《从一粒种子到一条龙》的资料片。通过听取报告和观看资料片，与会干部看到谢易初先生的后辈们，继承他的业绩，发扬他的精神，继续为祖国作贡献的感人事迹，都为之称赞和褒扬。

为纪念谢易初先生诞辰92周年，各级领导人还题词缅怀，高度评价谢易初先生的贡献和功绩。

广东省委原书记、省政协主席吴南生题词：正大传声誉，深情满乡邦。怀念谢易初先生。吴南生。

新中国成立后第一任澄海县委书记，海南建省后第一任省委书记许士杰题诗一首《纪念谢易初先生》，对谢易初先生爱国爱乡、高风亮节、献身科学、造福桑梓的一生作了高度的概括和评价：躬耕菜圃选繁花，优势杂交焕白沙。虽涉重洋怀故国，捐资桑梓孕风华。

时任全国人大常务委员会委员、全国侨联副主席蚁美厚题词《缅怀谢易初先生》：科研攻关，硕果溢香，爱国一贯，典范绵长。

时任国务院侨务办公室副主任李星浩题词：风范传世，继往开来。

时任汕头市委书记林兴胜题词：耿耿赤子心，煌煌照来人。

这次隆重的纪念活动，得到了宣传媒体界的高度关注和重视，《汕头日报》《汕头特区报》《南方日报》《广东侨报》《华声报》《华夏》杂志，以及广东省、汕头市和澄海县的广播电台、电视台都作了报道。

1988年11月23日，《南方日报》头版以《澄海县纪念爱国华侨谢易初诞辰》为题刊出了记者郑俊英、陈泽民采写的新闻报道：

本报讯：昨日，澄海县举行集会，纪念爱国华侨谢易初先生诞辰92周年。广东省、汕头市有关部门负责人和来自北京、广州、海南等地的谢易初生前好友、海外侨胞、港澳同胞和当地群众500多人出席大会。谢易初先生（1896—1983）原籍澄海县，于1922年赴泰国谋生（作者注：1919年）。他一生潜心从事蔬菜、种子的种植、培育，声誉卓著。实行改革开放以来，谢易初先生非常关心祖国的建设，并带领和鼓励儿女们到大陆投资，目前已在国内10多个省市办有企业。

1988年11月22日，《汕头日报》用两个专版，以通栏标题《纪念谢易初先生诞辰九十二周年》，刊发了两个整版的一系列纪念谢易初先生的文章、题词、照片、通讯、致电等。

其中刊发了中国侨联致电纪念谢易初先生诞辰92周年筹委会，全文如下：

澄海县人民政府转纪念谢易初先生诞辰92周年筹备委员会：

恰逢爱国老侨胞谢易初先生诞辰92周年之际，谨向你们及谢老先生的亲属表示我们对谢老先生的敬仰和怀念。谢易初先生矢志爱国，终生不渝。他一生艰辛创业，始终关心和支持祖国建设，晚年更率子女积极来华投资，表现出一片赤子丹心，为世人感佩。谢老先生一向关心家乡和侨居地的社会公益事业，他造福桑梓和泰国社会的仁风善举，备受内外侨众称道。望海内外侨胞以谢老先生精神共勉，为振兴中华、统一祖国和发展我国与侨居国友好关系多做贡献。谨代向谢老先生的亲属问候，并祝他们事业兴旺，万事如意。

中华全国归国华侨联合会

1988 年 11 月 22 日，老场长林派捷与出席纪念谢易初诞辰 92 周年大会的白沙农场老同事代表合影留念。左起谢平、许卓才、邵舜梦、林派捷、唐述尧、陈之佳、曾树创、高海椿。（照片由林戈、林戟提供）

1988年11月22日　星期二　汕头日报

# 纪念谢易初先生诞辰九十二周年

谢易初先生遗像

## 前言

爱国华侨谢易初先生（1896——1983）原籍澄海县人，于1922年赴泰国谋生，艰苦创业，白手起家。一生潜心致志从事蔬菜、种籽之种植、培育、研究、销售，声誉卓著。

先生热爱祖国、热爱家乡，花甲之年，仍居留在祖国工作、生活，为潮汕农业科学技术的发展作出了贡献，先后被聘任为澄海冠山农场副场长兼技术员、澄海县农场副场长，担任澄海县归国华侨联合会主席、澄海县人民委员会委员、广东省归国华侨联合会委员、中国人民政治协商会议广东省委员会委员、中华全国归国华侨联合会委员等职。

1967年，先生以71岁高龄从香港往泰国定居，指导儿辈发展种植、养殖、饲料等，促使事业腾飞。中国实行开放改革政策之后，先生又建议和带动儿辈积极向中国大陆投资，并热心捐赠巨资为家乡办教死扶伤、兴学育才事业，造福桑梓，为祖国建设作出了新的贡献。

值此先生诞辰九十二周年之际，特举行谢易初先生纪念活动，出版专辑，缅怀和宣扬先生对祖国、对家乡所作的功绩，使先生风范永存。

## 继往开来　发扬光大

广东省人大常委会主任　罗天

今年是谢易初老先生诞辰九十二周年，广东省、汕头市、澄海县各有关单位和谢老生前友好、亲朋，举行纪念活动，这是一件很有意义的事。

谢易初老先生是泰国「正大卜蜂集团」的创始人，他一生热爱祖国，热爱家乡，造福桑梓，他尊重科学，好学不倦，为家乡农牧业的发展作出了贡献。谢老的后辈继承他未竟之事业，把「正大卜蜂集团」发扬光大，为泰国之繁荣昌盛作出了贡献，同时也在中国办了不少合资企业，帮助和促进了中国的建设。他们还关心家乡的文明建设，兴办各种福利事业。这种精神值得赞扬。

借此机会，我对参加纪念活动的海内外朋友表示欢迎和感谢，对谢老的公子——谢正民、大民、中民、国民诸位先生的事业发达表示良好的祝愿！

正大情誉　深情满乡邦

怀念谢易初先生　吴南生

广东省政协主席　吴南生题词

## 典范绵长

全国人大常委会委员　全国侨联副主席　广东省人大副主任　蚁美厚

躬耕菜圃选繁花　优势杂交焕金沙　虽涉重洋怀故国　捐资桑梓育风华

中共海南省委书记　许士杰题词

科研攻坚　硕果溢香　爱国一贯　典范绵长

蚁美厚

## 全国侨联致电纪念谢易初先生诞辰92周年筹委会

澄海县人民政府转纪念谢易初先生诞辰92周年筹备委员会：

"恰逢爱国老侨胞谢易初先生诞辰92周年之际，谨向你们及谢老先生的亲属表示我们对谢老先生的敬仰和怀念。谢易初先生矢志爱国，终生不渝。他一生艰辛创业，始终关心和支持祖国建设，晚年更率引子女积极来华投资，表现出一片赤子丹心，为世人感佩。谢老先生一向关心家乡和侨居地的社会公益事业，他造福桑梓和泰国社会的仁风善举，备受内外侨众称道。望海内外侨胞以谢老先生精神共勉，为振兴中华、统一祖国和发展我国与侨居国友好关系多做贡献。请代向谢老先生的亲属问候，并祝他们事业兴旺，万事如意。

中华全国归国华侨联合会

## 中华赤子　风范永存

汕头市市长　陈燕发

1988年11月22日，《汕头日报》所刊《纪念谢易初先生诞辰九十二周年》的专版（1）。（照片由薛增一提供）

汕头日报　1988年11月22日　星期二

纪念谢易初先生诞辰九十二周年
風範传世
继往开来
李星浩
一九八八年十一月廿
国务院侨务办公室副主任　李星浩题词

纪念谢易初先生诞辰九十二周年
先侨俊彦
后生楷模
司徒戎生
一九八八年十一月
广东省侨务办公室主任　司徒戎生题词

一代园艺育种家
澄海县人民政府

我们纪念谢易初先生，缅怀谢易初先生，不仅因为他是华侨，更因为他把一生最宝贵的光阴奉献给了澄海的农艺事业。他在澄海20年，培育了大批的蔬菜、瓜果、家禽和粮食优良品种，对澄海的农业发展做出了贡献。谢易初先生不仅是一位园艺育种专家，也是一位良师益友。他热爱自己的事业，热爱家乡的人民。他对事业的追求，对朋友的赤诚，对自己的无私都给人留下很深的印象。与他深交的同志说，“热爱祖国，献身科学，兴办实业，造福人类是他一生的光辉主题”，这实不是过誉之词。

谢易初先生出生于澄海县外砂镇蓬中村，自幼勤劳聪敏，热爱农事，尤其对于农作物的栽培和良种的培育，更有癖好。长大之后，先生赴泰国谋生，奋斗十年，业有所成，遂于1932年创办“正大庄”，专门经营蔬菜种籽业务。正当他的事业蒸蒸日上的时候，抗战胜利了。1946年，他毅然把“正大庄”委托胞弟少飞先生管理，离开自己的亲人，放弃舒适的生活，回到自己的家乡，开拓科研基地，潜心园艺研究，培育优良品种。直到1966年“文化大革命”开始，他才恋恋不舍地回到泰国去。谢易初……

谢老先生是一位实干事业家。生前，他长期致力于农艺研究，取得丰富成果，造福桑梓，闻名遐迩。晚年，他移居国外，协助其令郎等从事实业，把原正大公司组成国际化大集团，经营有方，业务蒸蒸日上。谢老先生又引导其企业投资祖国，为四化建设事业作出贡献。同时他还关心家乡的文化教育，捐献巨资，深得国家有关领导赞誉，也深受国内乡亲和海外侨胞的敬仰。
纪念谢易初老先生诞辰九十二周年
庄世平
一九八八年十一月
政协全国常委会委员　庄世平题词

纪念谢易初先生诞辰九十二周年
耿耿赤子心
煌煌照来人
林兴胜敬题
中共汕头市委书记　林兴胜题词

正大卜蜂集团的建立和发展

1988年11月22日，《汕头日报》所刊《纪念谢易初先生诞辰九十二周年》的专版（2）。（照片由薛增一提供）

## 四、诞辰 100 周年纪念活动

1996 年，在谢易初诞辰 100 周年之际，多位国家和省府领导人题词。如下：

全国政协原副主席吴学谦同志题词：澄海骄子，炎黄之光。纪念谢易初先生诞辰一百周年。吴学谦。一九九六年。

全国政协原常委、香港南洋商业银行名誉董事长庄世平题词：谢易初先生诞辰壹百周年纪念：爱国爱乡，光辉永存。庄世平敬题。

广东省人大常委会原主任林若题词：爱国爱乡，继往开来。林若。一九九六年七月。

广东省人大常委会原主任罗天题词：热爱祖国，造福桑梓。罗天。一九九六年七月。

广东省政协原主席郭荣昌题词：华侨的骄傲，潮人的典范。郭荣昌。一九九六年七月。

广东省政协原副主席林兴胜题词：丹心献家国，风范照后人。谢易初老先生诞辰 100 周年纪念。林兴胜。一九九六年七月二十八日。

为纪念谢易初先生诞辰 100 周年，澄海市政协专门组织编辑出版了《谢易初先生诞辰一百周年纪念特辑》（以下简称《纪念特辑》）。

《纪念特辑》收录了庄世平、林静辉、蚁美厚、许世杰等撰写的共计20篇文章，记述了谢易初先生的重要贡献、高尚品格、爱国爱乡、无私奉献等生平事迹，深切缅怀和纪念谢易初先生。

其中庄世平亲笔写就的一篇题词，以《谢易初先生是一位实干事业家》为标题，作为《纪念特辑》的代序，全文如下：

谢老先生是一位实干事业家。生前，他长期致力于农艺研究，取得丰硕成果，造福桑梓，闻名遐迩。晚年，他又移居海外，协助其公子从事实业，把原正大公司组成国际化大集团，经营有方，业务蒸蒸日上。谢老先生又引导其企业投资祖国为四化建设事业作出贡献。同时他还关心家乡的文化教育，捐献巨资，深得国家有关领导赞誉，也深受国内乡亲和外海侨胞的敬仰。

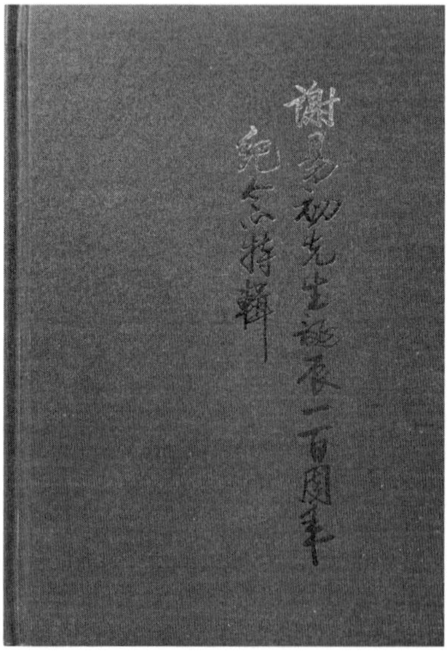

1996年，由澄海市政协委员会编辑、广东人民出版社出版的《谢易初先生诞辰一百周年纪念特辑》。（照片由薛增一拍摄）

《纪念特辑》收录的20篇文章中，其中有时任中共澄海市委书记林静辉撰文的《澄海人民怀念谢易初先生》的纪念文章，他在文章的开篇一段写道：

> 今年是正大集团创始人——谢易初先生诞辰100周年。澄海市政协专门出版文史特辑来纪念这位毕生为祖国、为家乡做出卓越贡献的人物。此举不仅具有存史育人的意义，而且对我们的资政工作，尤其如何在新的历史条件下，进一步团结和调动广大爱国侨胞、各界民主人士共同建设现代化的澄海，也具有重要的现实意义。

## 五、史志里记载的谢易初

### （一）《澄海县志》

1992年，澄海县地方志编纂委员会历时5年编纂的总字数达130多万字的《澄海县志》，由广东人民出版社正式出版发行。这次编修澄海县志，距上一次清朝道光年间编修县志，间隔了170多年。

《澄海县志》为宋朝以来的65位澄海籍著名人物编修了《人物传》,《谢易初传》排在第62位，共395个字（不含标点符号），其中说："谢易初（1896—1983），原名谢进强，澄海县外砂镇蓬中村人，爱国华侨、实业家。1950年3月，谢易初和夫人回国，受到人民政府的欢迎和关怀。先后担任过国营澄海农场技术员、副场长，国营白沙农场副场长，县人委委员、县侨联主席、省政协委员、全国侨联委员等职。曾将自己任职期间的全部工资赠给农场办福利事业。在农场期间，除引进优良蔬菜品种外，还与干部、职工一起探索试验，先后培育、选育出‘澄南’水稻、白沙早白玉米、白沙早花椰菜 6 号、白沙早花椰菜 11 号、白沙杂交早萝卜、白沙中花椰菜、白沙早椰菜、鸡心早大菜等优良品种，对农业生产作出了重要贡献，部分良种还远销东南亚各国。他的农业科研成果和探索精神深得广大群众的赞扬和敬佩。1965 年（作者注：1966 年初），他重返泰国。晚年，谢易初热心支持家乡文化福利事业，先后出资参加捐建澄海县华侨医院、澄海华侨中学等。1983 年在泰病逝，终年 87 岁。”《澄海县志》给予了谢易初先生很高的地位、荣誉和评价。

（二）**《汕头市志》**

从左至右《汕头市志》（六册）、《澄海县华侨志》、《澄海县志》、《中国侨联年鉴 2011》。（照片由薛增一拍摄）

1999 年 12 月，新华出版社出版发行了由广东省汕头市地方志编纂委员会历时 15 年之久编纂的《汕头市志》第一、二、三、四册，计 778 万字。2013 年 12 月又补充编纂了《汕头市志》（1979—2000）上、下册，由广东人民出版社出版发行，计 253 万字。合计新版《汕头市志》共六大册，总计 1031 万字，是一部鸿篇巨作。

《汕头市志》六大册，共为西汉以来的 196 位汕头籍著名人士编修了《人物传》，其中谢易初名列第 182 位。收录在《汕头市志》里的《谢易初传》共 517 个字（不含标点符号），稿源主体来自《澄海县志》，文字略有增加和微调。

（三）《**中国侨联年鉴**》

据中国华侨出版社出版的《中国侨联年鉴》（2011 年）记载，1956 年 10 月 5—12 日，中华全国归国华侨联合会成立大会及第一次全国归侨代表大会在北京召开。全国政协副主席李济深、中共中央统战部部长李维汉、国务院内务部部长谢觉哉、华侨事务委员会主任何香凝、全国侨联筹委会主任陈嘉庚先后在开幕式上致词，国务院副

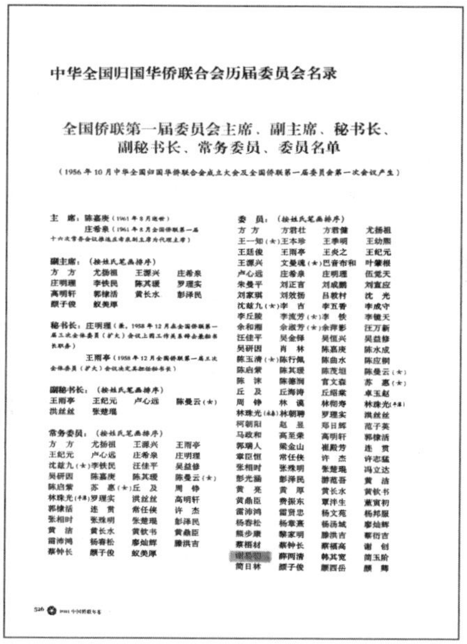
中华全国归国华侨联合会历届委员会名录

全国侨联第一届委员会主席、副主席、秘书长、副秘书长、常务委员、委员名单

（1956 年 10 月中华全国归国华侨联合会成立大会及全国侨联第一届委员会第一次会议产生）

主　席：陈嘉庚（1961 年 8 月逝世）
庄希泉（1961 年 8 月全国侨联第一届十六次常委会议推选庄希泉副主席为代理主席）

副主席：（按姓氏笔画排序）
方　方　尤扬祖　王源兴　庄希泉
庄明理　李铁民　陈其瑗　罗理实
高明轩　郭棣活　黄长水　彭泽民
颜子俊　蚁美厚

秘书长：庄明理（兼，1958 年 12 月在全国侨联第一届三次全体委员（扩大）会议上因工作关系辞去秘书长职务）
王雨亭（1958 年 12 月全国侨联第一届三次全体委员（扩大）会议决定其担任秘书长）

副秘书长：（按姓氏笔画排序）
王雨亭　王纪元　卢心远　陈曼云（★）
洪丝丝　张楚琨

常务委员：（按姓氏笔画排序）
方　方　尤扬祖　王源兴　王雨亭
王纪元　卢心远　庄希泉　庄明理
沈兹九（★）李铁民　汪佳平　吴益修
吴研因　陈嘉庚　陈其瑗　陈曼云（★）
陈启蒙　苏　惠（★）丘　及　周　铮
林珠光（菲律宾）罗理实　洪丝丝　高明轩
郭棣活　连　贯　常任侠　许　杰
张相时　张殊明　张楚琨　彭泽民
黄　洁　黄长水　黄钦书　黄鼎臣
雷沛鸿　杨春松　廖灿辉　滕洪吉
蔡钟长　颜子俊　蚁美厚

委　员：（按姓氏笔画排序）
方　方　方君壮　方君健　尤扬祖
王一知（★）王本珍　王季明　王幼熙
王廷俊　王雨亭　王炎之　王纪元
王源兴　文曼魂（★）巴音布和　叶肇根
卢心远　庄希泉　庄明理　伍觉天
朱曼平　刘正言　刘成鹏　刘宣应
刘家琪　刘效扬　吕教村　沈　光
沈兹九（★）李　吉　李五香　李成守
李丘陵　李流芳（★）李　铁　李镜天
余和湘　余淑芳（★）余萍影　汪万新
汪佳平　吴金铎　吴恒兴　吴益修
吴研因　肖　林　陈嘉庚　陈水成
陈玉清（★）陈行佩　陈曲水　陈应桐
陈启蒙　陈其瑗　陈茂垣　陈曼云（★）
陈　涞　陈德润　官文森　苏　惠（★）
丘　及　丘海涛　丘绍棠　卓玉赵
周　铮　林　谟　林彻寿　林珠光（菲律宾）
林珠光（印尼）林朝聘　罗理实　洪丝丝
柯朝阳　赵　昱　郑日辉　范子英
马政和　高至荣　高明轩　郭棣活
郭瑞人　梁金山　崔殿芳　连　贯
章臣恒　常任侠　许　杰　许志猛
张相时　张殊明　张楚琨　冯立达
彭光涵　彭泽民　谢苍吾　黄　洁
黄　亮　黄　厚　黄长水　黄钦书
黄鼎臣　费振东　覃泮生　董寅初
雷沛鸿　雷贤忠　杨文苑　杨邦服
杨春松　杨章熹　杨汤城　廖灿辉
熊步康　黎家明　滕洪吉　黎衍吉
蔡梧材　蔡钟长　蔡福高　谢　创
[illegible]　薛两清　韩其宽　简玉阶
简日林　颜子俊　颜西岳　颜　腾

526　2011 中国侨联年鉴

《中国侨联年鉴 2011》第 526 页记载了谢易初当选为全国侨联第一届委员会委员。（照片由薛增一拍摄）

总理邓子恢出席了开幕式。

出席会议的正式代表 345 名，港澳同胞和华侨 800 多人列席了会议。谢易初是会议正式代表之一。

会议选举产生了由 131 名委员组成的全国侨联第一届委员会，陈嘉庚当选为主席，方方、蚁美厚等 14 人当选为副主席，谢易初当选为全国侨联第一届委员会委员。

大会通过了全国侨联章程，并确定了全国侨联的工作方针和基本任务是领导全国各地侨联组织，团结和组织归侨、侨眷，加强社会主义教育，反映归侨、侨眷和国外华侨的意见，向有关部门提出建议，联系国外华侨，促进国外华侨的爱国大团结，鼓励和协助归侨、侨眷和国外华侨参加祖国建设，为归侨，侨眷和国外华侨服务，举办或协助举办有关归侨、侨眷的文教、福利及其他公益事业。

谢易初担任中国侨联第一届委员会委员一直到 1978 年 12 月卸任。这一年，第二次全国归侨代表大会在北京举行，选举产生了新一届委员会委员，谢易初因年事已高，而没有再连选连任了。

第二次全国归侨代表大会，是中国侨联因文化大革命开始而被迫停止活动 12 年之后，各界归侨代表的第一次全国性聚会。根据新时期的总任务，大会提出了全国侨联和各级侨联的工作中心是：认真贯彻中共十一届三中全会规定的路线，动员归侨、侨眷同全国人民一道，为实现我国四个现代化的宏伟目标贡献力量。

（四）《澄海县华侨志》

澄海县还于1987年12月编就了一部《澄海县华侨志》，其前言说："盛世修志，势在必行。当前全省以至全国各地编修地方志的工作，正在大力开展，澄海县自不能例外，而编写澄海县华侨志，按照澄海的具体情况来说，更是当务之急，因为如果能够编写好本县华侨志，相信对澄海县当前的两个社会主义文明建设，必定是有所裨益的。"

《澄海县华侨志》大约15万字，其中的第七章《澄海县著名华侨、外籍华人、归侨人物传记》，为30位著名华侨、外籍华人、归侨编写了传记。传记以出生年代先后排序，谢易初的传记排在第16位。

谢易初为家乡、为国家作出的重要贡献，得到了党和政府、人民群众的充分肯定和赞誉，载入史册，彪炳千秋！

## 六、《造福桑梓　世代流芳》画册

中共汕头市澄海区委和区政府为纪念谢易初先生，于2018年10月编辑印制了一本画册，画册的主标题为"造福桑梓　世代流芳"，副标题是"谢易初先生家族的澄海情结"。

画册的扉页是一幅大帧的谢易初先生身着西裤、衬衫，打着领带，站立在田野间，左手叉腰，右手侧举竖起大拇指，面色和蔼微笑的彩色照片，照片下方的图说写道："澄海人民永远铭记谢易初先生家族对家乡作出的贡献。"

画册内页的开篇文字写道："泰国正大卜蜂集团的创始人、

著名爱国侨领谢易初先生一生热爱祖国，献身科学，兴办实业，造福人类。澄海的一山一水、一草一木，时时牵动着他的屡屡情丝。他的儿女们继承他的宏愿，不忘报效祖国，报效家乡，对澄海的各项事业造福良多。到目前为止，谢氏家族为澄海的教育、医疗卫生、体育事业以及其他项目总计捐资已达人民币近 2 亿元。谢易初先生于 20 世纪五六十年代，先后担任国营澄海农场技术员、副场长、国营白沙农场副场长，对蔬菜、瓜果、禽畜、粮食四大类不少品种进行改良，培育出许多享誉国内外的优秀良种，为家乡的园艺科研事业，为潮汕以至东南亚地区的农业良种化做出无私的奉献。”

《造福桑梓　世代流芳》画册。2019 年 4 月 17 日，澄海区委刘永铭书记会见薛增一等正大集团一行时签名赠送给正大集团留念。（照片由薛增一拍摄）

时任中共汕头市澄海区委书记刘永铭在访问泰国期间拜会谢国民的时候，把这本画册作为一个特别礼物赠送给了正大集团和谢国民，表达和传递了澄海区委区政府、澄海家乡人民，对谢易初的高度评价和褒奖，以及永远的纪念。

## 七、高度的评价，无限的怀念

以下笔者摘录了部分社会各界人士对谢易初的评价和怀念。

**蚁美厚**（曾任全国人大常务委员会委员、全国侨联副主席）：

谢老在国外听到祖国改革开放的政策，心里十分高兴，他多次到广州、汕头等地拜访老朋友，了解国内投资的条件和项目，鼓励儿子尽早前往中国投资。在谢老的率领和影响下，正大成为深圳、汕头等地第一家外来投资的公司，对向大陆投资起到了积极的作用。

**许士鉴**（曾任广东省人大常委会委员、广东省农业厅厅长、澄海县县长）：

人的一生，做几件好事并不难，一辈子做好事就难了。能够把自己热爱祖国、热爱家乡、言行一致的思想品德和作风留给后代，在他百年之后，他的后辈更加发扬光大，为祖国、为家乡作出更大的贡献，这就难上加难了。谢易初先生就是这样一位值得怀念，值得尊敬的人物。

**林静辉**（曾任中共澄海市委书记）：

谢易初先生是爱国华侨的典范，也是一位杰出的园艺家、实业家。“热爱祖国、献身科学、兴办实业、造福人类”是他一生光辉的主题。澄海人民永远不会忘记，他长期致力于农艺研究，成果丰硕；澄海人民永远不会忘记，他有一颗强烈的爱国心，他品德高尚，爱国爱乡，想国家之所想，急国家之所急；澄海人民永远不会忘记，他奋斗不息，力争上游的精神是异常感人的。谢易初先生风范长存！

**李雪光**（曾任广东省委宣传部副部长）：

谢易初先生离开我们十多年了，但每次谈到谢先生，他那慈祥诚朴的音容笑貌就在我们脑海中浮现。他确是一个和蔼可亲、勤劳积极、勇于创新、热爱科研工作的前辈。由于他一心一意的努力经营，把白沙农场办得十分出色，在潮汕地区应是数一数二。

**陈德鸿**（曾任汕头市政协副主席、澄海县委副书记）：

作为县示范农场副场长的谢易初先生，面对祖国的经济困难，他更加振奋精神，和林派捷场长同心同德，运用自己多年积累的育种经验、聪明才智和引进外来先进技术的有利条件，带领全场职工，艰苦奋斗，成功地培育了一批水稻、瓜果、蔬菜和禽畜的优良品种。同时，还将产品远销东南亚各地，使白沙农场的名气越来越大，成为全国闻名的良种场之一，为全县挣得可观的经济收入，对全县顺利度过经济困难时期起了积极的带头作用，作出了重大的贡献。

**林派捷**（曾任澄海县委委员、澄海县副县长、白沙农场场长）：

谢老的学习精神和研究精神很好，他的知识很丰富，技艺才能很高。我祖祖辈辈都是从事农业，我自己也种过田，但与谢老在一起，经常听他讲解科学知识，经常看他向别人传授技术，才知道自己不懂农业。他大公无私，对事业兢兢业业。我们一直合作得很好。

**李泽霑**（曾先后担任澄海县华侨联合会副主席、主席）：

当时，谢易初先生已当选为澄海县人民委员会委员，并委任为县示范农场技术副场长，他平易近人，和蔼可亲，深受人们爱戴。更可贵的是他身为农场领导，科研任务十分繁重，却时时关心我县的侨务工作，并积极参加各项活动，多次向县领导反映归侨、侨属对侨务工作的建议，得到县领导的重视和采纳。他担任县侨联主席后，谈到如何做好我县侨务工作时，他首先强调应对归侨、侨眷进行爱国主义教育。谢易初先生的爱国思想，对工作认真负责，精益求精的精神和深入实际，平易近人的作风，永远值得我们侨务工作者学习。

**谢平**（曾任白沙农场副场长）：

谢易初先生的为人品德高尚，诚挚无私，关怀同志，深深受到大家的称赞，全场职工，大都称他为“谢伯”“谢技师”，这表达对他亲切的感情和诚意的尊敬。我与他共事近二十年，一起学习和劳动，深知他那毕生无私的对祖国和人民的贡献，是足为楷模的。尤其值得指出的，他当年在农场带出来的学生，已有不少人评上高级职称，要是他还活着，该是何等高兴啊！

**唐述尧**（曾任白沙农场高级畜牧兽医师）：

世俗说："教人食勿教人赚"。这是千百年来害人不浅的一句话。这句话，只能豢养败家子，不能培育出企业家。但是，谢易初先生却把食与赚的关系摆正为："教人赚勿教人食"。凡是与谢易初先生一起工作过的人，几乎都有此同感。先生诲人不倦，无私地帮助人，给人传授知识与技能，让人自己去创造，去发挥，这便是谢先生的给予观。所以，大家都说：谢先生给人的不是"金钱"，而是真正的"本钱"。

**邵舜梦**（曾任白沙蔬菜原种研究所副所长，高级农艺师）：

向世界"翘起大拇指"，这是谢易初先生对园艺事业的理想、抱负和信心而经常表达的一种姿态，也是他严格要求自己和认真培养他人的一种心声。凡是和他一起工作过的人都知道，白沙农场每一项科研成果，都是和他这一思想分不开的。"高标准，严要求"是谢易初先生设置课题坚定不移的原则。

**曾树创**（曾任澄海县农科所所长，高级农艺师）：

值此澄海人民隆重纪念谢易初先生诞辰100周年之际，作为多年在他手下工作过的农科人员，抚今追昔，无限感慨！谢易初先生是爱国爱乡的典范，也是一位杰出的园艺家。他一生为祖国、为家乡做出卓越的贡献，博得了广大人民群众的衷心爱戴和各级党政领导的高度赞誉。他不仅是澄海的，也是中国的。他的逝世，是农业科技界的一大损失！人们深深地惋惜：谁来填补这个空白！

**陈训先**（曾任澄海市政协文史委员会副主任）：

谢易初先生一生的主要贡献，正如《澄海县易初展览馆·前言》所概括的那样，一方面，作为园艺家的谢易初先生，他怀着对科学事业的强烈责任感和对故土的拳拳之心，同他的亲友、同事和同志在一起，运用驯化、杂交和系统选择等手段，成功地培育了蔬菜、瓜果、家禽和粮食四大品系的一批又一批优良品种，为澄海县以至潮汕地区的农业良种化，为我国和东南亚的农业技术交流与经济发展，作出了十分重要的贡献；另一方面，作为实业家的谢易初先生，他在创办现代化、多元化的跨国集团性企业——“正大集团”的过程中，为使“正大集团”的投资与贸易业务早日扩展到世界各国，同样作出了不可磨灭的贡献！

**陈署木**（泰国学者）：

谢老醉心于发扬中国传统科学的意志是十分可嘉的。中国的传统科学是中国人祖宗的科学实践经验，有着几千年的历史。可惜由于过去内忧外患，社会动乱，使这些宝贵的科技遗产湮没不彰。而在海外一隅的泰国，尚有华人运用中国传统科学配合新时代进化学说，不断谋求改进，以其结果造福庶民，这是十分难得的。谢老刚强坚毅、木讷寡言，几十年如一日。老子云:“良贾深藏若虚，君子盛德，容貌若愚。”他怀着“正大中国实业振兴”的理想，连教育子女都遵循此一目标迈进，他对四个儿子的命名亦用“正大中国”为次第曰:“正民、大民、中民、国民”，以示不忘此志，其子嗣也能秉承箕裘，大展宏图，更是青出于蓝而胜于蓝。现在谢老与我们永别了，值此悼念老友的同时，谨祝愿“正大卜蜂集团”百尺竿头更进一步。

**袁伟强**（曾任汕头华侨历史学会副会长兼秘书长）:

谢易初先生不是一个唯利是图的人。他致力于发展事业，不是为了聚敛更多的财富、个人得到更多的享受，而是力争为人类为社会作出更多的贡献。无论在中国，还是在泰国或其他侨居国，他都认为做每一件事，不仅要使自己得利，他人也要得利，对当地社会也要有好处。这就是他一生的宗旨，也是他的行为准则。谢易初先生的一生，是艰苦奋斗的一生。他为社会、为人类，也为他的子孙后代谋求生存和发展奋斗不息。他的精神是高尚的，是值得后人怀念和敬仰的。谢易初先生的伟大，并不在于他赚多少钱，而是他那高尚的品格。

# 第八章

# 慈爱家风，滋养百年正大

## 一、夫人和子女

谢易初的夫人陈金枝。（照片由正大集团北京总部宣传中心提供）

缘于旧社会的社会习俗和传统，再加上谢易初常年在泰国、中国，以及新加坡、马来西亚等东南亚各国之间奔波于事业，而一直居住在中国故乡的母亲也需要有人照顾，谢易初先后娶了两位夫人。

第一位夫人是陈金枝，祖籍汕头，出生于1897年，1914年与谢易初在家乡澄海结婚，1925年谢易初将夫人和在中国出生的三个女儿接到曼谷团聚，此后陈金枝大部分时间居住在泰国，照顾子女和家人。1975 年 1 月 21 日在曼谷去世，安葬于泰国曼谷附近的班布恩区谢氏家族陵园内。

谢国民说他受母亲的影响很大。2016 年，他在接受日本经济新闻记者的采访时，深情地说："我的童年回忆几乎都是与母亲陈金枝连在一起的。""每到饭点儿，母亲就对用人们说：'你们已把饭菜准备好了，我饿了，你们也一定饿了。现在没什么活了，你们也去吃饭吧。'母亲温柔亲切的声音，一直在我幼小的耳边萦绕。""母亲从不忘记扶弱济困，很同情和照顾贫寒的亲戚，每周都会给他们送些钱过去。母亲的钱几乎全都用于接济他人了。母亲对周围的人讲：'钱不重要，孩子们才是我的财产。'母亲过世时，不只是亲戚，用人和司机也都哭得很凄凉，因为母亲生前一直都把他们当作家里人照顾。也许是富有同情心，也许

谢易初和夫人陈金枝的合影。（照片由正大集团北京总部宣传中心提供）

是善解人意，母亲总是雪中送炭。得到帮助的人日后总会来报答。其实就算没有回报，母亲也毫不在意。”“我从母亲那里学会了‘给予’，这也是公司经营的立足之本。经营者一定要将心比心，懂得换位思考，给予员工和客户机会或利益。我从母亲身上学到了重要的人生哲学。在之后的岁月里，因忙于工作，我与母亲相处的时间甚少，这令我至今追悔莫及。”

而在这次日本经济新闻记者采访之前的2007年，央视《华人世界》栏目制作了一期专题片《正大舵手谢国民》。央视记者在北京采访谢国民时，他就谈到他受母亲的影响很大，他说：“我母亲做人很有原则。她学问虽然不高，没有什么学问，但她有一个原则，她做得特别好的就是不会轻穷重富。她说：‘我的钱我的时间是用来照顾这些比较差的亲戚、比较差的朋友、比较差的儿女’，这是她的原则。还有，对穷人她特别特别照顾。对用人，我对她很感动，她坐下来吃饭的时候，有时候我跟她一起吃饭，她筷子一拿，就对所有的用人说：‘我肚子饿了，你们也饿了，你们去吃饭，这里没有你们的事情’。她处处都不仅对上想得很周到，对下面也照顾得很好”。

第二位夫人是陈嫦娟，1914年出生于泰国，泰籍华裔，1933年与谢易初结婚，是谢中民的生母。她曾居住在汕头城里的家中，陪伴和照顾婆母。2000年4月18日在泰国曼谷去世，安葬于泰国曼谷附近的班布恩区谢氏家族陵园内。

谢易初夫妇生育有十二个子女，四个儿子分别是谢正民、谢大民、谢中民、谢国民；还有八个女儿，她们分别是谢美莹、谢美韫、谢细美、谢美霞、谢玮华、谢碧华、谢映雪、谢碧珠。

“正大中国”四兄弟合影，谢正民（左二）、谢大民（右二）、谢中民（右一）、谢国民（左一）。（照片由正大集团北京总部宣传中心提供）

## 二、对母亲十分孝顺

谢易初的母亲王赛琴，出生于1873年，汕头当地人，正直和蔼、朴实厚道，是一位十分贤慈而坚强的农家妇女。谢易初的父亲四十岁左右就过早地走了，家中的生活重担落在了年仅十六岁的谢易初肩上，母亲主内，他主外，母子携手照顾全家七口人的生活。从小谢易初的母亲就言传身教地传授给他待人接物要讲究礼貌、与人相处要互相帮助、对他人要慈爱善良的美好品德。

1919年，在母亲和妻子的支持下，谢易初下南洋创业成功，从此之后，母亲和家人的生活逐步得到改善并稳定下来。但母亲一直居住在中国，照顾家人，没有去过泰国。20世纪30年代，谢易初在汕头市区五福路买了房产，将母亲从澄海的乡下祖屋接到汕头城里，一直生活、居住在这里，安享晚年。1967年，94岁高龄的王赛琴在汕头城区的家中安详去世。

凡与谢易初交往过的人都知道，他对母亲十分孝顺，甚至可以说是言听计从，以使母亲高兴。

谢易初前后安排过很多家人陪伴母亲，照顾母亲的生活起居，包括安排自己的夫人，以及三子谢中民夫妇、女儿谢细美和家人、谢映雪和家人，等等。其中安排谢少飞留在中国的长子谢剑民一家，一直陪同祖母生活在一起。谢国民1951年至1957年被父亲谢易初接回中国家乡汕头读书，学习中文和中国文化，也和祖母居住在一起。

谢易初一生的精力孜孜不倦地投身和关注于科学育种和兴办实业上，他自己并不信佛，但他劝母亲信佛，他对母亲说："我不信佛，但我却请您老人家念佛经，以此作为一种消除尘俗杂念、修心养性的好办法，达到健康长寿、心态平衡，生活得更加自由自在。"

谢易初特别喜欢菊花，对菊花的品种和培育有专门的研究。他在家里教母亲种植夏季菊花，让母亲有适当的活动。晚上没有阳光照射的时候，让母亲把一盆盆菊花搬到室外，接受夜里的露水；上午 10 点钟前后，再把一盆盆的菊花搬回屋内，放置在阳光不直接照射、低温的室内拐角处。等到夏天来临的时候，一盆盆菊花盛开，母亲十分开心。他以此方法来增加母亲的生活情趣，使母亲身心受益，以达到延年益寿的目的。

谢易初的父亲谢锡生和母亲王赛琴的照片。（照片由正大（汕头）投资有限公司总经理陈如民提供）

## 三、相亲相爱的兄弟姐妹

谢易初兄弟姐妹五人。三位兄弟分别是老大谢易初，又名谢进乾；老二谢少白，又名谢调坤；老三谢少飞，又名谢进贤。两个妹妹分别是谢惠妙、谢妙清。

谢氏三兄弟情深义厚。当年在泰国，谢易初创办正大庄成功以后，业务越来越忙，便于1922年11月把三弟谢少飞接到泰国，帮忙他照顾生意，而他自己则抽出身来，继续拓展扩大、创新发展。

二弟谢少白则从小爱读书、会读书，虽然那时家境并不富裕，父母亲还是节衣缩食，供其上学。

谢易初创业成功后与三弟谢少飞经商养家，并资助二弟谢少白读书。兄弟三人一直没有分家，二弟定居中国，三弟定居泰国，大哥两头兼顾，全家由大哥谢易初掌舵，兄弟三人分工协同，齐心协力，努力奋斗，砥砺向前，家庭母慈子孝，幸福美满。

第二次世界大战爆发前，谢易初就把二弟谢少白的长子谢德民、次子谢泽民带到泰国放在自己身边抚养、照顾，而谢少飞的长子谢剑民则一直留在家乡和祖母一起生活。

谢少飞与他的小女儿和外孙女合影。（照片由谢少白的孙子谢灯提供）

新中国成立后，谢易初热情地回到祖国，被任命为国营澄海农场副场长，一心一意地投入于新中国的家乡经济建设中，而泰国的正大庄则全权交由三弟谢少飞负责，由谢少飞担任家族事业的总当家。从大哥手上接过来正大庄后，谢少飞继续按照大哥的经营思想和方式，驾轻就熟地把正大庄的生意做得愈加兴旺发达。

1953年，谢易初的长子谢正民、次子谢大民哥俩又在正大庄业务的基础上，开拓发展，创办了卜蜂公司，正大集团开始进入饲料事业。之后随着三子谢中民、四子谢国民两兄弟的加入，到了20世纪60年代中后期，正大集团的卜蜂饲料、养殖、屠宰、加工、国际贸易、海外投资等均获得突飞猛进的发展，企业规模和业务总量已经远远超过原来的正大庄了。

对于这一切，谢少飞感到十分喜悦。但同时，他也产生了一些忧虑，他认为卜蜂事业的成功，是四位侄儿的功劳，他以及他的子女不应该是卜蜂事业的受益人，于是1969年的一天，他叫来侄儿谢大民，对他说："卜蜂事业是你们四兄弟创造的，应该和正大庄分开，过去我不敢这么讲，怕说这是分家，但我想来想去，我们还是分开好。"谢大民对此毫无思想准备，他觉得叔叔家的几位堂弟年纪都还小，就是分家也不到时候。而谢少飞坚持让侄儿谢大民、谢中民去新加坡向谢易初大哥汇报自己的想法。果然，谢大民、谢中民到新加坡向父亲报告了叔叔的想法后，被谢易初断然否决，他说："不行。你们叔叔的孩子多，两个大的是在澳洲受的洋教育，没有到过农村，不了解农民，正大庄是为农业服务的，他们可能做不好，几个小的还在念书，假如分家，正大庄可能站不稳，你们的堂兄弟们要受苦呢！不但不能分，你们还要帮助正大庄，把它发扬光大，正大庄离不开你们。”谢大民、谢中民回到泰国以后，如实地转达了父亲谢易初的决定，谢少飞听了大哥的一席话，潸然泪下，感恩大哥一生引领着他、照顾着他。此后，谢家再也没有人提过分家的事情，直到今天，正大集团作为谢氏家族企业，历经一百年的奋斗发展，已经由第三代核心领导人谢吉人担任集团董事长，成为一家泰国最大的企业，一家享誉世界的跨国企业集团。

这是一幅谢少白赠送给谢少飞的珍贵画作，画的是八只小鸟，学名叫鸜鹆，或鸲鹆，俗称八哥。然而，除了观赏谢少白高超的画作水平之外，让我们透过这幅画上的题字，再来感受一下作者赋予这幅画深处的情感含义。

画作扫描自《谢公少白诞生百周年纪念专辑》。

谢少白在画作上题字：“少飞吾弟存念 春归何处 落红无数 倩谁留春 只有鸜鹆 往回翔 啼不住 少白写意并题 一九五六年十一月五日”。八哥是鸟类中十分聪明的一种，会模仿人类的说话而发声，谢少白的这幅画作配以题字，借画传情，书文寄语，观来、读来，都让人深深地触动，那种兄弟间的牵挂、思念之情，满满地跃然画面、余音题外，令人回味、感怀。

谢少白赠送给侄儿谢大民的画作，并题字“大民贤侄请赏少白画鹰”。(照片由谢灯提供)

谢少白赠送给大哥谢易初的画作一定有，但笔者还没有得到。有幸的是笔者得到了一张谢少白赠送给侄儿谢大民的画作，同样很是珍贵。

谢少白在新中国成立前在国民政府的空军幼年学校当教官。随着国民党的败退，1949 年 2 月空军幼年学校搬迁去了台湾，谢少白因母亲年事已高，三弟常在泰国，大哥来回奔波，同时更因为自己不看好国民党退守台湾的前途，就没有随去，而是从成都返回到了澄海家乡以便照顾母亲。1951 年“肃反”运动中，因他在国民政府空军幼年学校工作过的经历而被判劳教三年，但一年后经共产党友人侯枫证明即获释回家了。

侯枫，1909 出生，澄海县人，由彭湃介绍加入中国共产党，从事地下革命工作，并任彭湃的秘书。大革命失败后，化名廉生考入上海暨南大学读书，任学校地下党支部书记，抗战期间在成都任教于四川省戏剧专科学校，新中国成立后分别在四川、北京、广西、广东工作，1981 年因病逝世。谢少白与侯枫既是同乡，又是上海暨南大学的同学，抗战时期又同在成都的不同学校任教，互相联系密切、知根知底，因此侯枫为谢少白出具了政治清白的证明。

1953 年，国家落实华侨和侨属政策，谢少白便全家迁到汕头市内，在五福路租了一套房子，与母亲相伴而居。

谢少白一生醉心于中国文化和绘画，不问政治，生活低调，淡泊名利，与世无争。但因为新中国成立前在国民政府空军幼年学校当教官的经历，使得他后来境遇不顺，郁郁寡欢，及至“文化大革命”的到来，频繁的历史外调和红卫兵运动的冲击，他的身心受到很大的压抑和损害，不幸于 1970 年因病辞世，终年 72 周岁。

十分可惜的是，在“文革”期间，谢少白为了少惹麻烦，忍痛将自己多年来创作的画作和文稿大都付之一炬，仅有少量作品保留了下来，还有一些作品散落在他赠送给的亲朋好友处。

谢灯是谢少白的孙子，出生于 1963 年，从小跟祖父一起生活在汕头市区的家中。他回忆说：伯祖父谢易初对曾祖母非常孝顺，对家人非常照顾。当年祖父谢少白一家也住在五福路的一处租赁的房子里，和曾祖母住在同一条街上，很近。在他 2—3 岁的时候，祖父谢少白一家人口渐多，原有的房子小住不下了，曾祖母就让伯祖父谢易初给祖父谢少白一家另买一套房子。伯祖父谢易初遵曾祖母的话，为祖父谢少白一家买下了五福路附近的潮安街 53 号楼的 3 楼。谢灯回忆说：这套房相当大，有四个大房间、一个大客厅、一个大厨房、一个很长的阳台，中间还有一个天井。他记得 1969 年夏天汕头市区发大水，附近的亲戚、街邻上百人临时居住在他家楼上避水灾，三天后洪水才退下去。前些年这套老旧的房子因为旧城改造被拆除了，还给谢少白的后代补偿了三套楼房。回忆起这段往事，谢灯说他至今还十分感怀伯祖父的恩惠！

还有一个谢易初的子辈们称呼谢易初为二叔，而这一称呼与谢易初照顾堂兄一家后人相关联的家庭往事，需要在这里说明一下。谢易初的子女在家中称呼父亲谢易初时，不是按照现代社会里“爸爸”或“父亲”来称呼，而是按照家乡的习俗和家族的排序称他为二叔，称谢少白为三叔，称谢少飞为细叔。这是因为谢易初的祖父谢宠高有一个谢氏家族内的养子，这个养子的儿子的名字叫谢永进，与谢易初同辈，但比谢易初年长，虽然没有直接的血缘关系，但也算是谢易初的堂兄，因此按照家乡的习俗和家族的规矩，在以祖父谢宠高为家长的谢氏孙辈中谢永进排名第一，谢易初排名第二，所以谢易初的子女称谢易初为二叔，而称谢易初的这位堂兄为大伯。谢永进的子女中有两个儿子，一个叫谢长江，另一个叫谢长美，后来都被谢易初带到泰国抚养，长大成人、安家立业，也都被安排在泰国正大集团工作。

## 四、慈爱传家

谢易初家族从谢易初的祖父谢宠高夫妇到他的父亲谢锡生夫妇，再到谢易初三兄弟夫妇，及至他们的儿辈、孙辈，慈爱传家是这个家族一脉相承的家风，慈爱善良、扶贫济困、淳朴诚信、正义向上、勤奋敬业、为国为民是这个家族的基因。

谢少白在回忆母亲王赛琴对子女的教诲时说："母亲从小对我们说，我们虽穷，还有更多的人比我们更穷，只要我们有一分力量就要帮助比我们更困难的人，这样生活才有意义，才有乐趣。"据蓬中村谢氏宗亲介绍，抗日战争时期，潮汕地区相继沦入敌手，人民生活困苦，乞讨流浪者众，谢易初的母亲王赛琴住在蓬中村的时候，经常在村口向乞讨流浪者施粥；在汕头五福路居住的时候，遇到饥荒年代，自己省吃俭用，坚持在家门口向饥民施粥，甚至拿出一些日用零钱救济给灾民和乞丐。

谢易初晚年回顾自己一生走过的道路时说："余自十六岁承担家计即秉大公无私，忍让求全，涓涓归公，牺牲小我，完成大我为职志。毕生辛勤，所创业务以对社会对人类有贡献而无愧。对后代教育也以余之原则谆谆督导，务使秉承此一光荣之传统。余行年八十仅差数月，自幼无机会得享高等教育，而学问才识全由余之努力追求所得。余有生之年仍不放弃求知精神，即所谓活到老学到老，并以所得教到老而做到老。"

除了我们从以上往事中可以深切地感受到这个家族一贯的家风和基因，我们还可以从谢国民与中国中央电视台《对话》栏目主持人陈伟鸿有关正大集团选择接班人的一席谈话中，真切地体味到这种家风和基因。尤其难能可贵的是，谢国民此人，是言由心生、表里一致的真君子，从不也不会矫揉造作、言不由衷、说一套做一套。

2011 年 8 月 26 日央视播出的《对话》节目《华商领袖谢国民》中有这样一段意味深长的对话：

**陈伟鸿：**您的子女也不止一个，对你来说要考虑未来他们谁能够担任领导重任，是不是也是一件麻烦事？

**谢国民：**我们还做得太慢，但是也已经做了决定。四兄弟（指谢正民、谢大民、谢中民、谢国民）也谈好了。

**陈伟鸿：**到目前为止可以透露吗？

**谢国民：**也可以透露，就是吉人（指谢国民先生的长子谢吉人先生），他心比较慈善，好客，乐于帮助别人，在我的儿子里面，他是老大，所以叫他当董事长，就是跟我大哥一样当董事长。那么他的弟弟谢镕仁（指谢国民先生的三子谢镕仁先生），现在负责电信，我四兄弟都看好他，就当集团的总裁，但是现在还没有接手。

**陈伟鸿：**他们已经进入到后备队伍当中，就从这几个人当中来选。你把这个消息告诉给他们的时候，他们开心吗？

**谢国民：**还没有，我们是给你先透露，但是他们都知道了，我们四兄弟都通过了。就是现在说谁要当董事长，就不能有私人的事业，要有铁律，一定要牺牲个人的利益。就是你又有权，又有钱，又有地位，三个齐全这是历史上没有的。

**陈伟鸿：**如果三个都齐全会出现什么？

**谢国民：**一定会有问题，就变成垄断了，这个公司就变成他的了，一个领导一定要懂得吃亏，要把吃亏当作福气，我们古话都要讲，吃亏就是福，还要懂得给，给的越多就得的会越多，但不一定是你给的钱，你得到是钱更多也不一定，可能你得到了其他的社会地位，你的名誉，大家对你称赞，这些钱多到一个程度，多一个零也没有什么作用，应该留一个名，不用给人家骂，给社会一个好的评价，给亲戚、朋友、兄弟一个尊重就够了，钱是用不完的。

2011 年 8 月 26 日《对话》中的谢国民与陈伟鸿。前排嘉宾分别是（从左到右）谢毅、谢吉人、谢炳、杨小平、翁倩玉。（照片由正大集团北京总部宣传中心提供）

中国古话讲“高墙基下，虽得必失”，万丈高楼平地起，一砖一瓦在根基。而正大集团的根基，就是谢国民在这一段话里所表达的“慈善，好客，乐于帮助别人”“要牺牲个人的利益”“要懂得吃亏，要把吃亏当作福气”“要懂得给，给的越多就得的会越多”“应该留一个名，不用给人家骂，给社会一个好的评价，给亲戚、朋友、兄弟一个尊重”。正大集团六条价值观的第一条“利国利民利企业”和第六条“正直诚信”，也充分体现了起源于谢易初、传承并发扬光大于谢国民的正大集团的这些基因，夯筑构建起了正大集团这座万丈高楼之下那坚实稳固的根基。

1989年，时任正大集团总裁的谢国民接任了正大集团董事长职务，而这背后四兄弟让贤的故事十分感人。

当年，正当正大集团的各项事业蓬勃发展的时候，作为大哥的谢正民，这位正大集团第二代创业的带头人，做了36年正大集团董事长的他，毅然提出让出董事长的职位。他真诚地说:“我是大哥，又是卜蜂的创始人，父母过世后，我又是家长。兄弟爱大哥，一直叫我当董事长，发展了二三百家子公司，都叫我当董事长。我说我过足董事长的瘾了，什么事上了瘾都不好，当Chairman上了瘾就更糟糕，要分出几个给你们做。大家说不行，还是大哥做，推都推不掉。这样下去，怎么发挥弟弟的作用，还有那么多好同事的作用？我只好主动退休，给他们让位。这是一个小原因，还有一个大原因，就是我眼看着弟弟能力胜过哥哥，好比我种了一棵树，叫树开花结果的是国民、是我的好兄弟们，他们接班一定能接好，所以我说，好了，我要享清福了。”

老四谢国民1969年已经接任了二哥谢大民的正大集团总裁的职务，而老三谢中民时任正大集团副董事长，顺理成章应该由谢中民接任大哥的董事长职务。但是谢中民说：“不行，老四比我能干，让老四来做董事长。”老大、老二也都同意老三的意见，谢国民深受感动，同时担心辜负了三位兄长的信任而深感不安，大哥说：“弟弟要胜过哥哥，儿子要胜过爸爸，这是天经地义。”二哥说：“叫你干，你就干，没话讲。最小的弟弟最能干，就叫最小的当家，三个哥哥支持你。”三哥说：“你是我的弟弟，我不但从心里爱你，还从心里敬你，你比我能干，董事长应该你来做。”

三位兄长的信任和重托，让谢国民十分感动。从此，谢国民接任正大集团董事长职务。谢国民总是谦虚地评价自己，自豪地推崇自己的兄长，他说：“一个集团的成功，不是我一个人的力量，是我们一个家族和集团同人的力量。我们这个家族大部分人不自私，是个很好的家族。我大哥从不揽权，他的兴趣一直在工厂，让弟弟放开手来干。真正管事的是二哥，他长期担任总裁，是总管家，谋私利最有条件，但他最有牺牲精神，做事业最冲，我们这一代第一个到海外创事业的就是二哥。如果他自私，我们这个家族早就完了，也不会轮到我了。”谢国民进一步说，“如果你想的不只是自己的家族，你还要对整个社会作贡献的时候，你的胸怀就宽广了，你就不自私了。如果你只是为了自己好，做什么事情都会处处为自己着想，到最后连你的兄弟都会合不来，有一些家族就是这样垮掉的。”

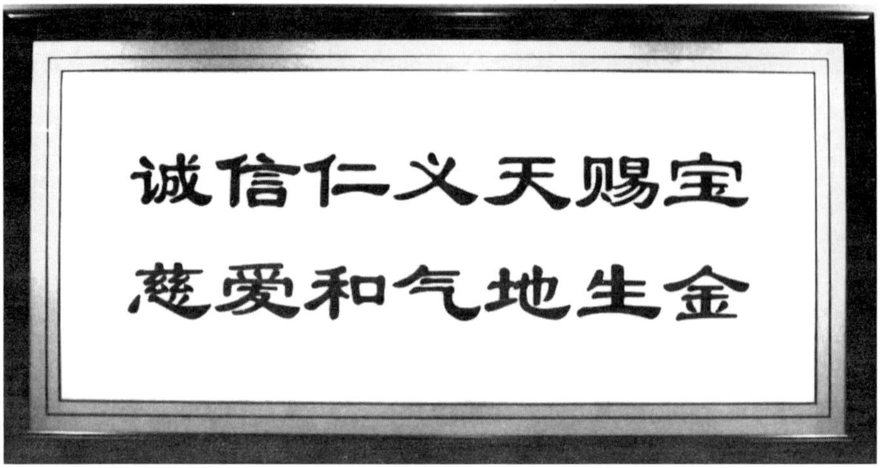


照片由正大集团北京总部宣传中心提供。

大约在 2005 年，有一次谢国民在上海召开的正大集团高层主管工作会议上，向正大集团的全体人员推荐了一副他十分赞赏和推崇的对联：

“诚信仁义天赐宝，慈爱和气地生金。”

诚信仁义、慈爱和气，是谢国民心灵境界的真实写照。

## 五、爱及员工

“爱是 love，爱是 amour，爱是 rak，爱是爱心，爱是 love，爱是人类最美丽的语言，爱是正大无私的奉献。我们都在爱心中孕育生长，再把爱的芬芳洒播到我四方。我们要在爱心中大声地歌唱，再把爱的幸福带进每个人的身上。爱会带给你无限温暖，也会带给你快乐和健康。爱是 love，爱是 amour，爱是 rak，爱是爱心，爱是 love，爱是人类最美丽的语言，爱是正大无私的奉献。”这是中国中央电视台著名节目《正大综艺》的主题歌曲。

这其中的一句歌词“爱是正大无私的奉献”，是正大集团传承了一百周年的主旋律，是正大集团企业文化最重要的组成部分之一，慈爱传家，爱家人、爱员工、爱客户、爱社会、爱国家……

正大集团有一位传奇人物，叫吴炎辉，泰籍华裔，1945 年出生于泰国，现任正大集团资深副董事长。

吴炎辉出身贫苦，8 岁的时候，他的父亲在贫病交加中走了，留下祖父、母亲、他和两个小妹，13 岁那年祖父又患眼疾因没钱治病而失明，一家人只有依靠母亲挑着担子走街串巷以售卖水果勉强糊口，日子过得苦不堪言。贫苦无奈之下，他读到小学四年级的时候只得辍学回家。失明的祖父让吴炎辉牵着自己的手，带到曼谷的唐人街给吴炎辉找工作，沿街的店老板都嫌他人小、个儿矮，没人收留他。有一天，他母亲挑着水果担子经过正大庄店门前，向谢少飞诉说她家艰难困苦的生活，谢少飞了解到她家的情况后，一口答应让吴炎辉来正大庄工作。因为吴炎辉只有 13 岁，而且营养不良，个子矮小，谢少飞就安排他给在正大庄负责国际贸易的英国籍职员坎贝尔先生当服务生，每日打扫卫生、买日用品、送信等，做一些力所能及的杂活，第一个月领取了 120 元泰铢的工资。一个只有

13岁的穷人家的孩子，从来没有见过这么多的钱，高兴得不得了，把工资全部交给母亲养家。

当时，谢少飞的五个孩子正在读小学，每天晚上放学回来，都要来店里补习功课，谢少飞就让吴炎辉跟着他们一起学习，教导吴炎辉说："炎辉，你要有志气，比如要达到一个目标，人家坐汽车，你是跑路的，你就拼命跑吧，不要半途而废，就是比别人晚一点，目标也一定会达到。"在谢少飞的鼓励和教育下，吴炎辉立下自学的决心，同时报了两个夜校培训班，晚上6点到7点学习英文，7点半到8点半学习中文，然后回到正大庄店里抄书、做练习，10点半回家休息，坚持不懈，终于自学成才。

白天吴炎辉做坎贝尔的跟班，坎贝尔在打字机上打英文函件，吴炎辉就在旁边暗暗观摩。坎贝尔打好文件，他就帮坎贝尔复印，也就学会了复印文件的技能。坎贝尔外出了，吴炎辉就偷偷在坎贝尔的打字机上模仿学着打字，那时候他还看不懂英文，只认得英文字母，就照猫画虎地慢慢练习，竟然也打得有模有样了。有一天，出口业务的文件很多，坎贝尔打字打不过来，很着急，吴炎辉站在旁边鼓起勇气说："我帮您打文件可以吗？"坎贝尔很惊讶："你会打字？""您让我试一试。"坎贝尔半信半疑地看着吴炎辉把英文商务文件打印好了，很是吃惊。这之后，吴炎辉一方面晚上认真在英文补习班努力学习，一方面照猫画虎地帮坎贝尔打印英文文件，慢慢地既学会了商务英文，又学会了进出口业务的一套程序和文件规范，从坎贝尔的小跟班成长为小助手，第二年谢少飞将他的月工资提到180泰铢，第三年就加到了300泰铢，四年后谢少飞就安排吴炎辉担任了正大庄的财务出纳员，对他十分信任。

1963年，吴炎辉18岁时，由于工作需要和对他的信任，谢大民把他从正大庄调到正大卜蜂国际贸易公司，兼做出纳员和进出口业务的商务文件处理，参与到公司的管理工作中。刚到正大卜蜂国际贸易公司工作的时候，同事们问他是哪个大学毕业的，吴炎辉毫不遮掩又谦虚地说自己还在自学，还没有毕业。

在吴炎辉的职业生涯中，他始终怀抱三个“感”，恪守不渝、严以律己：一是对正大集团忠贞不二的归属感，二是对事业决不敷衍的责任感，三是在日常工作中必须作出表率的纪律感。就这样，心存感恩的吴炎辉一路成长，先后担任正大卜蜂国际贸易公司的总经理、正大集团国际贸易企业总裁、正大集团副总裁，直至正大集团副董事长、正大集团资深副董事长，成为正大集团核心领导人之一。

2019年3月8日，笔者与吴炎辉（左）在泰国考雅正大领导力学院参加会议期间合影。（照片由薛增一提供）

回忆谢易初、谢少飞两位老一辈领导人对自己的恩情，吴炎辉动情地说：“谢易初老先生有一次从新加坡来，就问，哎，有个小弟，以前在Mr.Campbell身边，他在哪里？我举手说，我，是我。我不知道他老人家为什么特意问到我。以后他一从新加坡来，就给我打电话，叫我跟他一起吃早饭。别人说，他老人家叫你跟他一块吃早饭，是你的光荣啊！我知道这是老人家对一个苦孩子的关照。他讲，我跟你一样，都是十几岁就挑起了生活的担子，要比别人更有志气才能成功。他讲，他十分想念中国，在中国，他创造过冬天的西瓜、夏天的菊花。他要我学会创造，才能干一番大事业。他还讲，我们原来都是穷苦人，要我永远不要忘记帮助穷苦人。他真是一位慈善的老人家。我永远不会忘记谢易初、谢少飞两位老人家对我的教诲。”

## 六、爱及社会

正大集团的文化，对国家、对社会、对合作者、对消费者、对亲朋、对家人，讲感恩，讲奉献，讲礼让，讲给予，讲吃亏，讲互惠，把“爱是正大无私的奉献”作为企业传唱的文化音符。

在正大庄创办初期，谢易初就立下规矩，凡是农民买回去的菜籽过期而没有使用完的，全部免费拿回正大庄换新的，以保障农民的收入。因为他知道，农民是最节省的，买回去的菜籽过期了没有用完也舍不得丢弃，还会继续用来栽种。但是这些过期的菜籽就会影响农民的收成。谢易初的这个承诺，开启于20世纪20年代初，是划时代的、开创性的，充分体现了谢易初慈爱善良、正直诚信、胸怀天下的本性。

谢国民继承了父亲胸怀天下的文化精髓，制定了正大集团的六条价值观。更重要的，就是他本人身体力行、言传身教，模范遵守和执行六条价值观。

2013 年 1 月 16 日，正大集团农牧食品企业中国区饲料事业线 2012 年度创新大赛颁奖大会，在正大集团北京总部举行，这期间正好谢国民因公务从泰国来到北京，颁奖活动的主持者邵来民就邀请谢国民为创新大赛获奖者颁奖。

在颁奖致辞的时候，谢国民讲了这样一个感人的故事，他说：去年（2012 年）集团在泰国也举行了创新评选，其中一个

2013 年 1 月 16 日，谢国民在北京正大集团总部的大会议室，为饲料事业生产线 2012 年度创新大赛获奖者颁奖。（照片由饲料生产线办公室提供）

虾产品加工厂的工程师发明了一个装置，在他们厂获奖了，推荐到集团创新委员会来参选。那天，我参加了集团创新委员会的评选。这个装置能够把虾的头尾两头夹住，把虾拉直，但同时也稍稍地把虾拉长了，然后做成食品，卖相好看。这样做虽然没有掺杂使假，只是把虾拉直了，但是同时也把虾拉长了。虾本来没有这么长，你拉长了，我不同意，这不符合我们集团正直诚信的价值观，在形状上欺骗了消费者。因此这个创新奖被我否决了。

谢国民就是这样言传身教地为我们树立和传授正大集团正直诚信的榜样和理念，故事虽小，却十分感人。

## 七、爱泰国、爱中国

华人移居泰国，有确切文字记载的历史可以追溯到中国的宋朝，至今中泰两国的友好交往已经逾千年了，特别是近代以来数百年，大量的华人移民泰国，和泰国人民、泰国文化融合在一起。据史书记载，仅 1900 年到 1906 年间，单是潮州人就有至少 24 万到达泰国。中国民主革命的先行者孙中山也分别曾于 1905 年和 1908 年先后两次到泰国进行资产阶级民主思想宣传活动，并为中国革命筹款。

泰国皇室和泰国政府一直奉行对中国友好的国策，虽然在近现代泰国某些政要受西方列强的影响对华政策有一些短暂的波折和低潮，但中泰世代友好、中泰一家亲始终是历史长河的主流，泰国社会各界对不断涌入泰国的中国移民十分宽容和友善。

泰国曼谷唐人街“金佛寺金佛宝殿落成庆典”纪念画刊《万古长青》记载，泰国拉玛七世巴差提朴国王 1927 年 3 月 23 日驾临华人聚集区的曼谷唐人街，巡视了四所华语学校，并发表纶音称：“其实，泰中两民族，应称为亲戚关系更符合事实。除了有血缘关系之外，现在的高级公务人员中，很多都有中国血统，到泰国成家立业的中国人民成了泰国人的也很多，连朕都含有中国血统。因此泰中两民族很久以来就非常亲切地生活在一起。”是的，拉玛七世巴差提朴国王就有一个中文名字叫郑光。

七世国王发表纶音的这个年代，正好是谢易初在唐人街开办正大庄的早期，正大庄和唐人街的华人一样，得到泰国国王、泰国政府和泰国人民的庇护和恩惠，正在茁壮成长中。

正是泰国王室和泰国人民对中国侨民的包容与爱护，中国侨民才能在泰国创业兴业、安居乐业，其中有很多家族经过几代人的婚娶繁衍，已经完全融入泰国人民中间了，成为了泰国人民的一分子，所以中国侨民对泰国王室和泰国人民普遍怀有深深的感恩之情，“中泰一家亲”在中泰两国深入人心。

泰国的诗琳通公主是中国人民十分熟悉和敬爱的泰国皇室领导人之一。《琢玉诗词》（泰语：หยก ใส ร่าย คำ）是诗琳通公主翻译的一本中国古典诗集，其中收录了 21 位中国古代唐朝

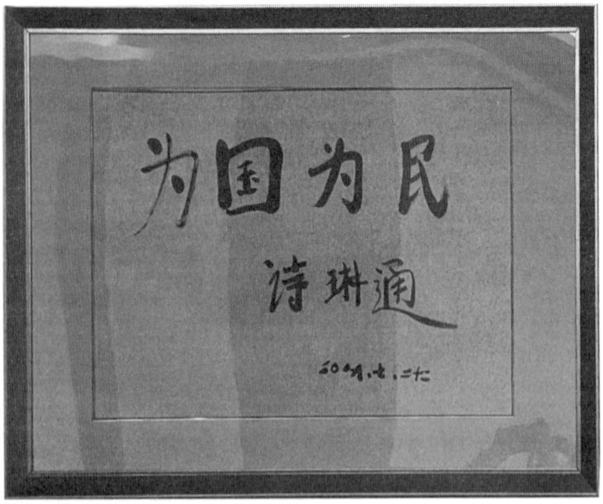


2009年7月22日，诗琳通公主在上海正大广场为谢国民题词《为国为民》。上图中公主左侧为谢国民和李绍祝。（照片由上海正大广场提供）

和宋朝的诗人创作的34首诗词，1998年7月由泰国法政大学出版社出版，已经多次再版。这是泰国出版的第一本中国古典诗词的泰文译本。在这本诗集中还收录了诗琳通公主1990年创作的《读孟浩然春晓感兴》三首五言绝句，诗曰：

花繁须早折，勿待香韵消；
花浓情亦重，君心爽且豪。
友情深如海，前程万里遥；
姹紫嫣红日，春园竞多妖。
中泰手足情，绵延千秋好；
撷花相馈赠，家国更妖娆。

这诗情、这话意，无不真切地表达了诗琳通公主热爱泰国、热爱中国、推动和维护泰中友好的美好寓意和情怀。正如诗集的注释所说："写成所有的花朵都是好的，都是表达心灵的好工具，采花的目的是为了献给对方，为了中泰友谊。"

2019年在庆祝中华人民共和国成立70周年之际，9月29日上午，中国国家主席习近平在北京人民大会堂隆重授予诗琳通公主中国国家"友谊勋章"，表彰她为中国的发展建设、为中泰友谊作出的杰出贡献，实在是当之无愧！

谢氏家族从谢易初1919年首次登陆泰国至今已经是第五代了，他们是泰籍华裔，他们深深地爱着泰国，当然也深深地爱着中国。1921年诞生的正大庄，从泰国走向世界，从一家小小的种子店，发展到今天的特大型跨国企业集团——正大集团，无不沐浴着泰国皇室和泰国政府、泰国人民饱含爱心的阳光和雨露；无不充满着泰国皇室和泰国政府、泰国人民的支持、帮助和包容；无不始终怀着感恩的心愿，遵照“利国利民利企业”的三利原则，报效泰国，报效中国，报效每一个正大集团投资所在的国家和人民，为泰国、为中国、为每一个投资所在国的人民创造福祉！

谢易初一生爱学习，爱钻研，他严格要求自己，也严格要求子女，他深知事业要获得成功，必须要有渊博的知识和学问。诗书济世、耕读传家。他安排子女从小就学习中文，培养他们爱国爱乡的家国情怀。在旧中国时期，他就安排子侄谢剑民等回家乡读书；抗战时期，他亲自送子侄谢德民、谢泽民、谢正民、谢大民回到中国云南、四川，跟随谢少白读书；新中国成立后，他把儿女谢中民、谢国民、谢玮华、谢碧华、谢映雪等安排回汕头、广州读书；20 世纪 60 年代末到 70 年代，他常居新加坡，就把谢吉人等 15 个孙辈安排在自己的身边，在新加坡读中文学校。他常常教导大家说：“一个中国人应该懂得祖国的文化。懂得中文，在世界上会大有作为的。身居异国，我们千万不能忘了根。”

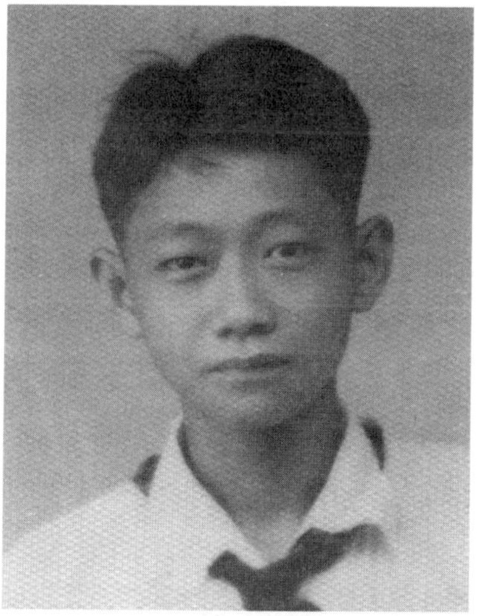

谢国民少年时期被父亲谢易初从曼谷接回汕头家乡读小学，加入少先队，当班长。上图为少先队员谢国民。下图为班主任陈诗馥老师与谢国民等班上的部分同学合影。（照片由正大集团北京总部宣传中心提供）

## 八、故居和祖屋

现位于汕头市中心、小公园开埠区的五福路3号，是一幢坐北朝南、联排沿街的三层骑楼，整栋楼为钢筋混凝土结构，这就是谢易初在汕头市的故居，是谢易初20世纪30年代购买的，至今保存完好。新中国成立前后，谢易初的母亲和一些家人一直居住在这里，谢易初本人则常住在距家20公里之外的白沙农场，和农场职工同吃同住同劳动，偶尔回到市里来看望母亲，和家人短暂团聚。

蓬中村中保存至今的谢氏祖屋，距今约180年。谢易初1896年就出生并生活在画面左侧这一排房子的第一间，直到1919年他从这里去了泰国发展。画面右侧有两个门与另一个院子相通，共同组成了谢氏祖屋。（照片由薛增一拍摄）

汕头市冠山石佛寺内的大悲阁，左右各有一个小禅房，谢易初当年住在右侧这一间，林派捷当年住在左侧这一间，至今保存完整，现在是供前来敬佛礼佛的香客临时休息和存放物品的场所。（照片由薛增一拍摄）

在谢易初的出生地，现广东省汕头市龙湖区外砂街道蓬中村，还保存有一处距今大约有180年的谢氏祖屋，是谢易初的祖父谢宠高这一代先辈建造的。谢易初就出生在这里，直至1919年去泰国发展。

谢易初20世纪60年代初在五福路故居留影。（照片由林戈、林戟提供）

新中国成立初期，谢易初担任国营澄海农场副场长兼技术员时居住过的汕头市石佛寺大悲阁里的小禅房，现在也保存完好。

1955年，谢国民（后排左二）在汕头市第二中学读初中期间与祖母（坐在中间的长者）、姑姑谢妙清（坐在长者左边，是谢易初的小妹妹，卢达民的嗣母）、三哥谢中民（后排右二）、三嫂（后排右一，谢中民的夫人）、三姐谢细美（后排右三）、七姐谢映雪（后排左一，张曙晖的母亲）、堂哥谢新民（后排左三，谢少白的小儿子、谢灯的叔叔）等亲戚在五福路家门口合影留念。（照片由正大集团北京总部宣传中心提供）

2021 年 4 月 23 日，笔者一行瞻仰位于汕头市五福路 3 号的谢易初故居。从左到右为谢灯、薛增一、陈如民、张曙晖、陈晓群。（照片由薛增一提供）

## 九、百年正大再起航

正大集团创办于1921年，2021年正值百年华诞。

正大集团的第一代核心领导人是谢易初。还有谢少飞，他是谢易初的三弟。

正大集团第一代领导人谢易初（左）与谢少飞（右）合影。（照片由正大集团北京总部宣传中心提供）

正大集团的第二代核心领导人是谢国民，历任正大集团总裁、正大集团董事长，现任正大集团资深董事长。还有谢国民的三位兄长，他们分别是现任正大集团永远荣誉董事长谢正民、正大集团永远荣誉董事长谢大民、正大集团 Advisory 董事长谢中民。

正大集团第一代核心领导人谢易初（前排居中）与第二代领导人谢正民（右二）、谢大民（左二）、谢中民（右一）、谢国民（左一）合影。（照片由正大集团北京总部宣传中心提供）

正大集团第二代核心领导人谢国民，现任正大集团资深董事长。（照片由正大集团北京总部宣传中心提供）

正大集团第二代核心领导人谢国民与第三代核心领导人谢吉人在庆祝中华人民共和国七十周年人民大会堂国庆招待宴会上合影留念。（照片由正大集团北京总部宣传中心提供）

正大集团的第三代核心领导人是谢吉人，也是谢国民的长子，现任正大集团董事长。还有谢镕仁，现任正大集团CEO，他是谢国民的三子。谢吉人，1964年3月13日出生于泰国，第三代泰籍华裔，毕业于美国纽约大学商业及公共管理学院。谢镕仁，1967年3月24日出生于泰国，毕业于美国波士顿大学，主修财务管理专业。

进入新时代，2017 年，经谢国民提议，正大集团董事会决议，谢国民任正大集团资深董事长，由谢吉人出任正大集团董事长、谢镕仁出任正大集团 CEO，这标志着在正大集团的最高领导层中新一代接班人已经站在了第一线，正大集团的最高领导人将顺利地从第二代过渡到第三代，为正大集团稳步迈进第二个一百年的发展历程在组织领导层做好了准备，正大集团必将迎来一个更加美好的明天。

正大集团第三代核心领导人谢吉人，现任正大集团董事长。（照片由正大集团北京总部宣传中心提供）

正大集团第三代领导人谢镕仁，现任正大集团 CEO。（照片由正大集团北京总部宣传中心提供）

今日的世界，正处于百年未有之大变局。受新冠肺炎疫情的冲击，全世界范围内疫情蔓延、经济下滑、地区冲突，人类正经历着一次改变发展轨迹的大波动，未来的世界充满了严峻的挑战，但同时也充满了新的机遇和光明的前途。

由于现代科技的发展，我们的世界正在进入先进的4.0工业革命时代，5G乃至6G、7G的到来，人工智能和机器人，量子计算机，数字经济，太空开发与利用，等等。变幻莫测、日新月异的新鲜事物，令人眼花缭乱，应接不暇，人类社会的经济形态和生活方式必将彻底颠覆传统的既往，迎来崭新的明天。

正大人将一以贯之地坚守正大集团六条核心价值观，坚守“利国利民利企业”的经营宗旨，即做有利于投资所在国家的事情，做有利于投资所在国家人民的事情，做有利于企业自身发展的事情；以人类既往的知识积累和不断刷新的高新技术为基础，做好迎接危机和机会的一切准备，始终如一地追求为全球所有的消费者所企望的人类美好生活，创造更多更美更有价值的产品和服务，造福国家、造福社会、造福消费者。

变革创新，与时俱进；持续发展，永无止境！

# 谢易初先生年谱

## 1896 年，出生

11 月 22 日，谢易初诞生于中国广东省澄海县外砂乡蓬中村一户农家。

父亲给他起名叫谢进乾，也有资料写成谢进强。

其祖父叫谢宠高，又名谢尚，祖母名陈懿瑛。

其父亲叫谢成发，又名谢锡生，母亲名王赛琴。

谢易初出生的谢氏祖屋，至今仍较为完好地保存在蓬中村内，距今大约有 180 年了，是谢易初祖父一辈建造的家族房屋。

## 1904 年，8 岁

大约在 1904 年前后，谢进乾被父亲送到村里或村子附近的私塾和小学读书，前后读了五年多。

在谢进乾进私塾学校读书的时候，私塾老师给他改名叫谢易初。老师说：“易者，更易、改变之所谓也；初者，当初也；易初者，改变当初之困苦，创造来日之兴旺者也。”谢易初一生取得的非凡成就，印证了这位老师预期的完全正确。

**1910 年，14 岁**

辍学回家帮助父亲务农，以种植蔬菜为生。

**1912 年，16 岁**

是年，父亲谢锡生不幸在 40 岁左右过早地去世了。

从此，谢易初帮助母亲，担起了一家人的生活重担。当时，家庭人口一共 7 人，有谢易初的祖母、母亲，还有兄弟姐妹 5 人。他排行老大，两个弟弟分别是谢少白、谢少飞，两个妹妹分别是谢惠妙、谢妙清。

青少年时期，谢易初经过反复尝试，把潮汕当地的野生草菇培育成为菜用草菇，成为潮汕地区人工培植草菇第一人，名扬乡里，乡亲们亲切地誉称他为“草菇佬”。

**1914 年，18 岁**

在母亲的主持操办下，谢易初与陈金枝结婚。

陈金枝，1897 年出生于中国汕头，1975 年 1 月 21 日在泰国曼谷去世，终年 78 周岁。

**1916 年，20 岁**

长女谢美莹在中国家乡出生。

**1918 年，22 岁**

二女谢美韫在中国家乡出生。

1919 年，23 岁

在母亲和妻子的支持下，谢易初带着精心准备好的各类菜籽，以及账簿、招牌，据说随身仅携带了 8 块银圆做盘缠，随乡亲们结伴乘船出海下南洋，背井离乡，来到了泰国曼谷，经销菜籽。

1921 年，25 岁

谢易初在曼谷的嵩越路琼南利炭廊巷口，租了一间门面房，开办了一家属于自己的蔬菜种籽经销店，起名“正大庄种籽行”。正大集团由此诞生。

在创办正大庄的时候，谢易初为正大庄设计了方圆商标，现已成为正大集团驰名世界的著名商标。方形，代表坚定的原则；圆形，代表灵活的策略。外方内圆，表示策略可以灵活多样，但不能离开为国为民及做事品质第一和做人正直诚信的原则。

谢易初是正大集团的创始人、奠基人，他建立的为国为民及品质第一和正直诚信的原则，为正大集团的发展壮大，打下了坚实的基础，铸就了定海神针，厚德载物，基业长青。

1922 年，26 岁

11 月，谢易初回中国家乡采办优质菜籽和探亲，把 17 岁的三弟谢少飞从家乡带到泰国曼谷，帮忙照料正大庄的生意，委任他为正大庄的财务负责人，掌管钱财和账簿。

**1923年，27岁**

有了谢少飞的帮忙，谢易初得以抽出时间亲往泰国内地各府实地调查和开拓市场。他走遍了清迈府、北柳府、北揽坡府、佛说府、叻丕府、佛丕府等地，考察当地的蔬菜种植情况，和菜农打成一片，了解菜农对蔬菜种籽的需求，以及当地市场的销售情况。

是年，他在泰国的清迈府和北柳府，各开办了一个正大庄蔬菜种植示范园，做示范、树标杆，这也成了正大集团的优势传统之一。

三女谢细美在中国家乡出生。

**1924年，28岁**

谢易初返回中国故乡采办优质菜籽和探亲。

返回泰国途经新加坡时，他把摩洛哥芫荽菜籽（在中国俗称香菜）从新加坡引进到泰国种植、培育，是引进香菜到泰国的第一人。

回到泰国后，谢易初在曼谷唐人街越阁路（三聘米街尾路口）另租了一个新的更大的门店，把正大庄搬迁到这里，批发兼零售，为日后正大庄种子业务更大规模的发展打下了基础。

是年，谢易初还在曼谷的石龙军路新开了另一个种籽销售门店，取名“合利菜籽行”。

**1925年，29岁**

谢易初返回中国家乡采办优质菜籽，将夫人陈金枝和三个女儿从家乡接到泰国曼谷团聚。

**1926 年，30 岁**

四女谢美霞在曼谷出生。

**1928 年，32 岁**

这一年前后，谢易初从中国台湾引进西瓜品种，在泰国南部的春蓬府培育、试种成功，填补了泰国没有本土西瓜的空白。

这期间，他还从美国夏威夷引进木瓜品种，与泰国本土的木瓜品种杂交，培育出了泰国的新木瓜品种。

以上品种，经过正大庄的推广，在泰国得到广泛种植，造福泰国人民和世界各地的游客。

长子谢正民在曼谷出生。谢正民曾任正大集团董事长，现任正大集团永远荣誉董事长，是正大集团第二代主要领导人，为正大集团的发展壮大作出了重大贡献。1953 年，时年 25 岁的谢正民和 21 岁的二弟谢大民，在泰国曼谷创办了正大集团第一家饲料工厂，这是正大集团发展历程上的一个重要转折，具有里程碑意义。

**1929 年，33 岁**

五女谢玮华在曼谷出生。

**1931 年，35 岁**

返回中国家乡采办优质菜籽到泰国正大庄销售。

**1932 年，36 岁**

次子谢大民在曼谷出生。1953 年，谢大民和大哥谢正民一起主导了正大集团的第二次创业，开创了正大集团的饲料事业。谢大民曾任正大集团总裁，现任正大集团永远荣誉董事长，是正大集团第二代主要领导人，为正大集团的发展壮大作出了重大贡献。

**1933 年，37 岁**

谢易初在曼谷与第二位夫人陈嫦娟结婚。

陈嫦娟，泰籍华人，1914 年出生于泰国。陈嫦娟曾在中国陪伴和照顾婆母。2000年 4 月 18 日在泰国曼谷去世，终年 86 周岁。

六女谢碧华在曼谷出生。

**1934 年，38 岁**

11 月 2 日，三子谢中民在曼谷出生。谢中民 1951 年加入正大集团，曾任正大集团总裁，现任正大集团 Advisory 董事长，是正大集团第二代主要领导人，为正大集团的发展壮大作出了重大贡献。

**1935 年，39 岁**

七女谢映雪在曼谷出生。

**1936 年，40 岁**

从印度引进早花椰菜品种到泰国培育成功。

**1937 年，41 岁**

在泰国南部宋卡府的合艾市新开设了一家“正大庄”，继续扩大正大庄的种子销售网络。

八女谢碧珠在曼谷出生。

**1939 年，43 岁**

春，因第二次世界大战爆发，谢易初带着长子谢正民、次子谢大民、侄儿谢德民（谢少白的长子）、侄儿谢泽民（谢少白的次子）四个子侄，从泰国经老挝、越南，辗转回到中国云南，交给二弟谢少白。在云南短暂停留后，谢易初即返回到泰国，随后又去了马来西亚。

5 月 1 日，四子谢国民在曼谷出生。谢易初为四个儿子依次取名谢正民、谢大民、谢中民、谢国民，中间镶嵌“正大中国”四个字，深深地寄托他身居海外、热爱中国的家国情怀。

20 世纪 30 年代初期，谢易初、谢少飞兄弟在正大庄种籽行的对面买了一块地，建起了一幢三层楼房。谢易初一家住三楼，谢少飞一家住二楼，一楼用做办公和种子仓库，楼顶作晾晒种子用，有时候还在房顶养鸡。谢国民就出生在这栋楼的三楼。

20 世纪 30 年代中后期，谢易初还在汕头市小公园开埠区五福路购置了一幢联排的三层骑楼，将母亲从澄海的乡下祖屋接到汕头城区生活，安享晚年。

**1941 年，45 岁**

在马来西亚设立了两个“正大庄种籽行”，大力拓展海外市场。

12 月，日本侵略军侵占了马来亚半岛。谢易初先后受困在马来西亚和新加坡，无法返回泰国，在新加坡与先前抵达这里的谢氏宗亲相聚一起，捕鱼为生。

**1945 年，49 岁**

8 月，日本战败投降，“二战”结束。

9 月，从新加坡返回到泰国，途经合艾时，得知曼谷发生动乱，遂在合艾过了三个晚上，才又乘船抵达曼谷，时隔三年多后与家人团聚。

因战乱纷扰，正大庄的业务在谢少飞主持下，艰难维系，十分困难。谢易初坚定地鼓励大家“重整旗鼓”。

在谢易初领导下，正大庄很快抚平了战争创伤，不仅经营业绩再创新高，而且业务范围和规模继续扩大，经营 20 多年的“正大庄种籽行”重新焕发了活力。

是年，谢易初新创办、增加了“飞机牌”菜籽，以新科技引领行业，拓展市场。

同期，他开始采用新出的铁制罐装来包装蔬菜种子，以提升种子的储存品质和产品形象。

**1946 年，50 岁**

把泰国的正大庄业务委托给了三弟谢少飞掌管，自己回到中国家乡澄海县创办了占地 40 余亩的私人育种农场，培育蔬菜良种。其间，他将从印度引进到泰国培育成功的早花椰菜带回澄海培育成功。

是年，在汕头市开办了“光大庄”种子销售铺面，旧址现在汕头市龙湖区新溪街道老市巷 10 号右侧临街的四间老铺面，具体是哪一间或哪两间，是谢易初当年购置的，还是租赁的，都已经无法考证了。

同时，将位于汕头市五福路的楼下临街铺面，作为“光大庄”的办事处，经营蔬菜种子的出口业务，供给曼谷正大庄及东南亚其他国家和地区的海外客商销售。

谢易初商海捭阖，正义在胸，他把在曼谷开办的种籽行命名为“正大庄”，把在汕头开办的种籽行命名为“光大庄”，寄托着他心中始终坚定的信念——“正大光明”。

他开创的产供销一条龙经营业态，后来也成了正大集团的经典商业模式和优势传统之一。

20 世纪 40 年代，正大庄的种子出口业务已经覆盖了新加坡、马来西亚、印度尼西亚、印度、日本等国家，及中国的香港、台湾等地区，也从海外引进优质蔬果品种到泰国培育、销售，正大庄还成为日本泷井种苗公司的泰国经销商。这一时期，日本出版的《种子目录》，已经记载了以谢易初名字命名的蔬菜种子。

**1947 年，51 岁**

谢易初自曼谷飞抵香港，正巧抗战时期在四川生活了八年的长子谢正民、次子谢大民，先前一天由谢少飞安排搭乘免费的空军飞机从四川飞港，他便携子一同乘轮船返回汕头。

28 天后，因担心两位青年被国民党军抓壮丁，再携子返回泰国曼谷。

**1948 年，52 岁**

再度回到中国家乡澄海县，将原占地 40 余亩的私人育种农场扩大到占地 100 多亩、场工达到几十人的蔬菜良种实验农场，以规模化的生产模式，主要生产芥菜、白菜、早花椰菜、早晚萝卜和其他蔬菜、水果的种子。

同期，他实验成功了“种籽储藏十年还能发芽”的方法，提高了种籽的保存质量。

**1949 年，53 岁**

10 月 24 日，澄海解放。当时谢易初在泰国。在得知家乡解放的消息后，他即决定返回祖国。

**1950 年，54 岁**

3 月 18 日，回到家乡，受到由首任澄海县委书记许士杰和首任澄海县县长余锡渠主持工作的澄海县委、县政府的欢迎和关怀。

4 月 22 日至 28 日，澄海县首届各界人民代表大会隆重举行。谢易初受到澄海县委、县政府的邀请，作为归国华侨代表，光荣地出席了这次在澄海县历史上具有划时代意义的重要会议，同与会各界代表共商除旧布新、建设家乡的大事。他在会上提出了三项建议：一是禁绝吸毒贩毒；二是成立侨联组织；三是发动群众抗灾救灾。

7 月 4 日至 7 日，出席了第二届澄海县各界人民代表会议。

11 月 1 日至 5 日，出席了第三届澄海县各界人民代表会议。

是年，在人民政府鼓励下，谢易初将位于五福路的“光大庄”办事处正式挂牌为“光大庄种籽行”，面向国内外开展蔬菜种籽经营业务。谢易初晚年回忆到新中国成立初期这段难忘的历史时说：“公元 1949 年祖国解放，为符合政令，即创光大庄于汕头，经营种子远销国内外。光大庄品种亦获各方赏识。”

**1951 年，55 岁**

1 月，澄海县开始了土地改革工作。在县委书记许士杰、县长余锡渠的领导下，澄海县的土地改革工作正确贯彻了中央和省委的政策，通过时任澄海县人民政府基建科科长兼上蓬区土改工作队队长林派捷，再次给予了谢易初以保护。

5月15日至17日，出席了第四届澄海县各界人民代表会议。

**1952年，56岁**

1月5日至8日，出席了第五届澄海县各界人民代表会议。

5月，国营澄海县农场正式成立（1953年称澄海县示范农场，1957年称国营白沙农场）。经县委委员、场长林派捷提议，谢易初被县委县政府任命为副场长兼技术员，是最早参与农场创办的领导人之一。他随身带了一个简便的铺盖，和林派捷场长一起来到冠山石佛寺，各住一间简陋的小禅房，白手起家，开启了白沙农场辉煌的发展历程。

许士杰、余锡渠、林派捷，以他们的慧眼识才、远见卓识和政治定力，同为最先保护和大胆起用并给予谢易初荣誉的三位“伯乐”。

11月2日至5日，出席了第六届澄海县各界人民代表会议，提出兴修坝头镇水利设施的提案。

冬，新中国百废待兴，但财力有限，国家压缩建设项目，澄海县农场即将“下马”，经济十分困难。谢易初副场长向林派捷场长提出建议：“广种菜籽，培育良种供应市场，以增加收入，共渡难关”。为此，他把自己花费了十几年心血的科研成果——“花椰菜”和其他优质菜种无私地奉献给农场，先后培育出早花椰菜 6 号和早花椰菜 11 号等，半年内畅销海内外，为农场挣得了一笔可观的收入，使得农场起死回生，为半年没有发工资的农场职工补发了工资。这半年里，他还个人掏腰包，帮助个别生活特别困难的农场职工渡过难关。

是年，汕头市政府根据国家政策，开始对城市中的私营工商业进行改造，实行公私合营，谢易初的“光大庄种籽行”也在这一时期与其他几位同业种籽行一同与政府实行了公私合营。

合营后，政府在汕头市外马路双莫楼开办汕头地区菜籽合营公司，聘请谢易初为副经理，一直到 1956 年改制为公营为止。

在任期间，谢易初运用经销菜籽多年的优势和经验，紧密团结海内外华侨，大力拓展海外市场，把潮汕菜籽源源不断地出口到海外，为新中国成立初期发展地方经济立下了汗马功劳。

当年，农场周边的水稻发生了稻热病，农民们束手无策、焦虑万分。谢易初知道了，便手把手教会农民配制农药喷杀病菌，帮助农民渡过难关，被农民尊敬地称为“谢技师”。

### 1953 年，57 岁

2 月 6 日至 10 日，以特邀代表的身份，出席了汕头市工商界第一届代表大会。

2月28日（农历正月十五），着手将夫人1952年12月底从泰国带回的100株泰国柚木小根苗亲自栽培在冠山石佛寺周边，至今有28棵柚木长成参天大树，蔚然成林，成为石佛寺一景。

3月26日至28日，出席了第七届澄海县各界人民代表会议。

3月，外砂乡人民政府响应国家号召，在各村组织了12个扫盲夜校班，谢易初主动捐赠了12个班的全部灯油费。在他的大力襄助下，外砂乡扫盲工作顺利开展起来了，并成为澄海县扫盲先进单位。

11月，回泰国探亲。

是年，谢正民和谢大民在泰国创办了正大集团第一家饲料工厂。他们请正在泰国探亲的父亲为企业起一个中文名字，谢易初挑选了与泰语单词读音接近的潮州话“卜蜂”两个中文字，给新公司命名为“卜蜂公司”。

### 1954年，58岁

1月，年近花甲的谢易初主动争取，参加了广东省农业厅在广州举办的“米丘林遗传育种训练班”，被誉为白沙农场的“华侨米丘林”。

“米丘林遗传育种训练班”结束后不久，又前往武汉农学院，学习、研究葡萄的栽培技术。

6月17日至22日，澄海县首届人民代表大会隆重举行。

谢易初等21人当选为首届县人民委员会委员，成为县领导班子成员之一。

1955年，59岁

6月，为了总结谢易初的育种科研成果，推广优良蔬菜品种和先进种植技术，林派捷场长组织国营澄海县示范农场编印了由谢易初副场长口述、广东省农科院柑橘专家王浩真副研究员执笔整理的谢易初科研著作《蔬菜刊物第一号》《蔬菜刊物第二号》《蔬菜刊物第三号》《蔬菜刊物第四号》《蔬菜刊物第五号》五个单行本，每本收录谢易初的蔬菜科研成果论文一篇，共五种。

是年，华南农学院园艺系第四生产实习大队全体师生到澄海县示范农场实习，由谢易初任实习导师。他一方面为全体师生做报告，传授蔬菜种植的丰富经验；一方面带大家到田间，实地观察、解释分析、示范操作。

当年，潮汕地区的柑橘普遍发生了“黄种病”，许多农业专家都主张把全区的柑橘拔除，另栽新种。但是谢易初坚决不同意这样做。他认为，这样做柑农的损失惨重，而另栽新种后也不能保证不再发生“黄种病”，且这样做会使得潮汕地区的柑橘脱产三四年，会给地方经济和广大果农造成重大的损失和影响。为此，他特别提出了防治“黄种病”的具体意见和措施，被政府采纳、推广，组织领导广大柑农对“黄种病”进行救治。结果，这一年被认为因患了“黄种病”而“无法救治”

的潮汕地区的柑橘终于得救了，为柑农挽回了重大损失，为稳定地方经济作出了贡献。

这年，澄海县获得“全国双季稻千斤县”的光荣称号。谢易初领导培育的优质水稻品种，比一般水稻高产20%，在潮汕地区得到了大面积推广，为地方粮食增产作出了重要贡献。

11月12日，作者庸歌与归国观光的四位印度尼西亚华侨代表来到澄海县示范农场访问，并采访了谢易初。

**1956年，60岁**

春夏之交，国营澄海示范农场建立了“狮头鹅原种场”，在谢易初副场长的指导和关怀下，以唐述尧等畜牧技术人员为主，承担了澄海狮头鹅的保种、培育和推广工作，选育出的“澄海系狮头鹅”，体大、肉多、生长快，最大的可达18公斤。根据谢易初的建议，鹅种场从当地优良狮头鹅中精心分离出一批白色狮头鹅，培育成功了“白色狮头鹅”这一新品种。

10月，随广东省侨联代表团赴北京，参加了在北京召开的中华全国归国华侨联合会成立大会，当选为全国侨联委员。

**1957年，61岁**

1月20日，中华全国归国华侨联合会主办的《侨务报》杂志1957年第1期出版，刊发了作者庸歌采写的文章《访问澄海县示范农场和归国华侨蔬果专家谢易初先生》，文中收录了1955年华南农学院来农场实习的全体师生致谢易初的感谢信。

1 月 23 日至 28 日，出席了澄海县第二届人民代表大会，再次当选为澄海县人民委员会委员。

是年，澄海县国营示范农场场部迁往白沙，与白沙分场合并，称国营白沙农场。谢易初和林派捷迁入白沙农场场部办公室旁边的“三间仔”宿舍。他们从 1957 年一直住到 1966 年。

10 月，中央新闻纪录电影制片厂从北京来白沙农场，拍摄了澄海狮头鹅的专题纪录片。

11 月，因胃病请假赴香港治疗，痊愈后离港赴泰国探亲。

这年，谢易初戒烟。

## 1958 年，62 岁

年初，农业部种子管理局刘定安局长带队来到白沙农场视察工作。当时，谢易初去泰国探亲，尚未返回。刘定安局长听取农场的汇报后动情地说：“谢老是难得的宝贵人才，是我们国家的财富，我回去后一定向中央领导汇报。他的事迹，我听后很受感动，希望你们青年人要好好向谢老学习，做个有益于人民的人。”

春，从泰国探亲返回汕头途经香港的时候，谢易初在香港买了一辆德国产的奔驰牌五座绿色小轿车捐献给县委县政府。

5 月 10 日至 14 日，出席了澄海县第三届人民代表大会，继续当选澄海县人民委员会委员，一直到 1959 年 1 月澄海县撤销，并入汕头市为止。

6 月 4 日，澄海县示范农场再次编印了由林派捷场长组织、谢易初副场长口述、王浩真副研究员执笔整理的谢易初科研著作《蔬菜资料（一）》《蔬菜资料（二）》《蔬菜资料（三）》《蔬菜资料（四）》四个单行本，每本收录谢易初的蔬菜或果品科研成果论文两篇，共八种。

夏，全国侨务委员会主任方方来到白沙农场视察，品尝到谢易初培育的“澄育一号”西瓜，赞不绝口，当场提出能不能送一些西瓜到北京，向周总理报喜。但是农场收获的西瓜已经售罄。谢易初因此受到启发，他想，西瓜能不能夏天种、冬天熟呢？

冬，谢易初研发的“冬熟西瓜”大获成功，平均每个西瓜重量达到15公斤，最大的达25公斤。

12月25日至1959年1月1日，国家在北京召开了全国农业社会主义建设先进单位代表大会，白沙农场光荣地获得了周恩来总理亲笔签发的“国务院奖状——奖给农业社会主义建设先进单位广东省澄海县农场”。白沙农场参会的曾树创等代表带了3000斤冬熟西瓜到北京，送进了中南海给毛主席、周总理等中央领导人品尝，一部分冬熟西瓜参加了大会组织的全国农业战线成果展。会议期间，刘定安局长对曾树创说：“请你转告场长，说中央很关心谢老这样的人才，中央要求你们上上下下的人都要尊敬谢老，这是中央的意见。”

12月16日，澄海县外砂大桥动工。政府号召社会各界捐赠建桥材料，其中包括建桥所需的7500包特优水泥。谢易初写信给在海外的家人，带领家人捐赠了400包特优水泥。

是年，孙子谢克俊在曼谷出生。谢克俊是谢大民的儿子。美国纽约大学工商管理硕士毕业，任卜蜂国际有限公司执行副董事长。

**1959 年，63 岁**

年初，汕头地委传达了毛主席办公室给白沙农场的感谢电，电文说：“感谢澄海农场工人培育成功优质丰产大西瓜。”一时间，澄海农场的职工心花怒放，兴高采烈，大家纷纷为谢易初的科研成果叫好，向谢易初表示祝贺。不久，农业部又专门打电话到白沙农场说：“感谢白沙农场，感谢谢易初老人，毛主席、周总理都尝到了冬季西瓜，称赞你们的西瓜好。周总理还用冬季西瓜招待了外国驻华使节，他们都一致称好！”刘定安局长也特别让曾树创捎来话，感谢谢易初老人为国家作出的贡献。

3 月，由中国农业科学院编、农业出版社出版的《中国蔬菜优良品种》，收录了谢易初研发的四个蔬菜品种的科研成果：澄海早花椰菜 6 号、澄海早花椰菜 11 号、交配早萝卜、马耳萝卜，推广到各地，广泛种植。

6 月，由谢易初口述、王浩真副研究员执笔整理的谢易初科研成果论文《西瓜冬熟栽培经验介绍》，全文刊载在 1959 年 6 月 16 日出版的农业部主办的《中国果树》杂志 1959 年第 3 期上。

20 世纪 50 年代初期，谢易初从国外引进西红柿到澄海县农场培植。在他的推动下，不到几年，整个潮汕地区，特别是整个澄海县，种植西红柿已经十分普遍，产量也很高。谢易初是潮汕地区引进种植西红柿第一人。

这一时期，他还为农场周边的果农讲解荔枝、龙眼的种植知识，教他们管理、施肥、修枝，把那些年生年停，一边生一边不生，或者一年多产一年少产的荔枝树、龙眼树，变成了年年生、全面生，大大提高了荔枝、龙眼的产量，年年获得好收成，使得荔枝、龙眼这两种潮汕地区重要的经济果树为造福果农、繁荣地方经济持续作出贡献。

20世纪50年代，谢易初总结了他多年的科研实践，创造了“环境驯化法”，代表成果有早熟花椰菜6号和早熟花椰菜11号;“远地引种杂交法”，代表成果有“澄育一号”西瓜和“白沙1016号”花生;“系统选育法”，代表成果有“大冇种”椰菜品种、南特号水稻品种等。谢易初领导研发的一大批科研成果，包括“早熟鸡心芥菜”和“赤叶哥莉大芥菜”，产量都超过了日本大阪的优良品种；他培育出了个体重25公斤的大萝卜、9公斤的花椰菜、11公斤的包心菜、25公斤的大西瓜、株产重110公斤的大番薯，还有水稻、玉米等一批蔬菜、瓜果、粮食作物的优质品种，为家乡的园艺科研事业和潮汕以至东南亚地区的农业良种化，以及培养高水平的农科技术人才，都作出了不可磨灭的贡献。

当年，澄海华侨中学刚刚创办不久，谢易初即捐资人民币1000元，帮助学校用于校舍建设。改革开放后，谢易初和家人先后多次捐资累计达350万港币、201余万元人民币等，资助学校兴建科学馆、宿舍楼，购置教学设备，设立奖教金和奖学金等。

20世纪50年代，谢易初安排他的儿女谢中民、谢国民、谢玮华、谢碧华、谢映雪等先后回到中国，在汕头、广州、香港读书，学习中文和中国文化。

### 1960年，64岁

2月22日，谢易初在公社领导的陪同下，来到与白沙农场比邻的坝头公社参观农田和水利设施。1952年他提出兴修坝头镇水利设施的提案，此时已经建设完成了340条大小水渠，总长度达到了170华里；建设了一条30华里长的防洪防潮大堤，全社8300亩水田全部自流灌溉，1万亩旱田也有五成可以自流灌溉。谢易初看到这些成果，十分高兴和欣慰，他对公社干部说："祝你们充分运用大好条件，夺取更大丰收。"

### 1961年，65岁

夏，广东省在广州市召开侨务工作会议，谢易初作为全国侨联委员，与澄海县委分管侨务工作的副书记陈德鸿一起赴穗参会。陈德鸿回忆说："50年代末至60年代初，正是我国经济生活处于极端困难的时期。那时，我担任中共澄海县委副书记，并分管工业、文教、统战、侨务等方面的工作，从而与谢易初先生相识。我觉得当年的谢先生，他那种与祖国、与家乡人民患难与共、同舟共进的精神坚定强烈，充分表现在他的思想和言行之中，给我留下了深刻的印象。1961 年夏，我和谢先生一同赴广州参加省里召开的一次侨务工作会议，由于同食同住在一起，因此便有机会与谢先生直接交谈。在谈论当前的各种困难时，谢先生坚定地说：‘我们国家大，人口多，在建设过程中碰到这样那样的困难和问题是难以避免的。我相信中国共产党和毛主席一定会解决好这个问题。’表现出他面对困难的积极态度和不畏困难的坚强意志，以及对党和政府的信任。”

是年，孙子谢杰人在曼谷出生。谢杰人是谢正民的儿子。任正大集团资深董事长助理、正大易初工业集团副董事长。

### 1962 年，66 岁

6 月 6 日，农历端午节期间，在白沙农场的宿舍区、在澄海县龙舟赛的主场地，举办了谢易初研发成功的本来只能在秋季盛开的菊花展。“秋菊夏开”，引起了极大的轰动，参观者络绎不绝，赞不绝口。《汕头日报》发表文章予以盛赞。

6 月 6 日至 8 日，澄海县归国华侨联合会第二次归侨、侨眷代表大会召开，谢易初出席了大会。大会选举谢易初为县侨联主席。

冬，有一天县侨联工作人员向谢易初主席汇报工作，其中谈到归侨和侨眷对申请出国和赴港的审批偏严有意见。谢易初便到县委统战部向许哲西部长提出建议，他用自己的亲身经历和感受，亲切地说：“华侨绝大多数是爱国的，他们虽然身在国外，心则与祖国的命运维系在一起，他们永远也不会忘记祖国，有朝一日，他们会回来报答祖国养育之恩。希望在批准出国、出港这一问题上，适当放宽，这是符合国家、民族的利益的。”许哲西部长十分重视，表示完全同意谢易初的意见，随即协调解决了这一问题。

是年，毕业于潮安农校的青年科技人员邵舜梦，被县农林局种子站安排到白沙农场，跟随谢易初开展花生育种工作。

谢易初对青年科技干部关怀备至，言传身教，呕心沥血，培养了一大批农业科技人才。林派捷后来回忆说：“在澄海，听过谢易初讲农业技术课者数以万计。他辛勤地培养了一大批农业技术人才。我请人作了一番不完全的统计，有 173 位当年只有初中文化者，在他的言传身教下，如今已成长为农艺师、高级农艺师。谢老这技师，所作的贡献难以估量。”

### 1963 年，67 岁

4 月至 11 月，白沙农场按照国家农业部的安排，接收了一批来自古巴的留学生在农场学习蔬菜种植技术，林派捷场长即安排技术人员用 1955 年和 1958 年分别编印的谢易初的著作《谢易初论果蔬栽培》共十个单行本作为培训教材，或在此基础上再增补培训教材。

秋，一天晚上谢易初来到县侨联与工作人员座谈，他说：“只有祖国强大了，华侨在海外才有地位，才不会受人欺压。旧社会，由于我国衰弱，根本没有外交地位，在外华侨沦为二等公民、海外孤儿，他们只能日日夜夜盼望着祖国的强盛，提高海外侨胞的政治地位。”

20 世纪 60 年代初，谢易初主持白沙农场多次从香港转口贸易引进优良的种鸡、种蛋，与本地优良蛋鸡、肉鸡品种杂交后，培育出了“白沙白来帆蛋鸡”，全年生产鸡蛋最少可达到 300 枚，饲养性能稳定，经济实惠，在国内推广养殖；“白沙白龙肉鸡”，最大的一只体重达到了 7 公斤左右，在白沙农场的外贸养鸡场饲养出栏以后，一批一批地从香港转口贸易卖到了美国，为国家赚取了丰厚的外汇。来白沙农场争购蛋鸡雏、肉鸡雏的养殖单位和农民个体成群结队，为增加养殖单位和农民的收入、改善群众生活作出了贡献。

谢易初把泰国正大集团的一部“出壳鸡雏雌雄鉴别器”赠送给白沙农场，这是当时国际上检测鸡雏性别的最先进的仪器，在国内或许绝无仅有。

他还从泰国正大集团进口一批正大集团饲料工厂生产的全价饲料，赠送给白沙农场作饲养试验用。

是年，孙子谢展在曼谷出生。谢展是谢中民的儿子。美国南加州大学毕业，任正大集团泰国 Telcom Holding Company Limited 总裁兼首席执行官。

### 1964 年，68 岁

是年，时年 25 岁的青年谢国民在泰国曼谷加入正大公司，正大的事业从此进入了快车道。谢国民的加入是正大集团发展史上又一次具有里程碑性质的重大转折，在谢国民的主导下，有三位兄长的信任、重托和全力支持，经过随后几年的开拓创新、发展壮大，到20世纪60年代末和70年代初，正大公司已经从一个传统的家族企业，成为一个拥有现代企业制度的跨国企业集团。谢国民，1969年任正大集团总裁，1989年任正大集团董事长，2017年至今任正大集团资深董事长，是正大集团第二代核心领导人，为正大集团的发展壮大作出了决定性贡献。

春，谢易初把存入银行七年多的“专款”一共2000多元取出来，交给母亲过年。母亲问钱从哪里来的，他告诉母亲是他1957年戒烟后把每个月抽烟的钱专门为母亲存下来的，母亲听罢十分高兴。这一年，谢易初的母亲已是91岁高龄了。

3月13日，孙子谢吉人在曼谷出生。谢吉人是谢国民的长子。2017年起任正大集团董事长，是正大集团第三代核心领导人。

秋，广东省园艺学会蔬菜组在澄海县白沙农场举行年度学术活动会，谢易初在会上作学术报告。会议期间，谢易初还带领与会的领导和专业技术人员到田间，现场为大家介绍蔬菜育种选种工作经验。

从1950年年初到1965年年底，16年间，谢易初先后应邀、当选或受命担任澄海县各界人民代表大会代表，澄海县人民代表大会代表，汕头市工商界第一届代表大会代表，澄海县国营农场、国营示范农场和国营白沙农场副场长兼技术员，汕头地区菜籽公司合营副经理，澄海县人民委员会委员，澄海县归国华侨联合会主席，广东省政协委员，广东省侨联委员，全国侨联委员等职。他从一名华侨资本家、华侨地主成了一名国家干部、科研专家，他爱国爱乡、无私奉献、勤奋敬业，为国家、为社会作出了突出贡献。

曾任澄海县县长的许士鉴回忆说："易初先生在澄海工作期间，他的家境并不十分丰裕，他全心全意为澄海的园艺事业作出贡献，本应收取政府和人民付给该得的工资，但他从不领取一分钱，而把他应得的报酬全部捐赠给农场，作为职工的福利补助，自己的生活费用全由自己支付，这种只讲贡献、毫不索取的崇高精神，实在是值得我们学习。"

### 1965 年，69 岁

因二弟谢少白一家人口渐多，原租住在五福路的房屋过小，谢易初出资为二弟在五福路附近的潮安街 53 号购置了一套较大的房产。

6 月 14 日，孙子谢明欣在曼谷出生。谢明欣是谢国民的次子，2017 年起任正大集团资深副董事长，是正大集团第三代主要领导人。

### 1966 年，70 岁

年初，因胃溃疡严重，需手术治疗，谢大民将父亲从白沙农场接到香港治疗。手术十分成功，经过一段时间的治疗和休养，谢易初完全康复了。

由于发生文化大革命，谢易初未能返回内地；又因当时泰国政府禁止同中国的一切往来，谢易初去泰国定居的申请也未获批准。不得已暂居香港。

**1967 年，71 岁**

谢易初由香港移居到新加坡定居。

3 月 24 日，孙子谢镕仁在曼谷出生。谢镕仁是谢国民的三子。2017 年起任正大集团 CEO，是正大集团第三代主要领导人。

同年，母亲王赛琴在汕头市五福路的家中安详辞世，终年 94 岁，安葬于澄海老家。

**1968 年，72 岁**

主持与日本油漆公司合资在泰国和马来西亚建立油漆制造工厂。

**1969 年，73 岁**

8 月 8 日，在雅加达主持正大集团在印度尼西亚的第一家卜蜂饲料工厂投产开业典礼。

**1970 年，74 岁**

主持与日本油漆公司合资再建立油漆制造工厂于印度尼西亚。

**1972 年，76 岁**

从新加坡移居泰国曼谷。此后常往来于曼谷、新加坡，中国香港等地。

1974 年，78 岁

正大集团在中国香港设立了正大国际投资有限公司，谢易初亲任董事长，负责正大集团在亚太地区的投资发展。

1978 年，82 岁

3 月 18 至 31 日，中共中央、国务院在北京隆重召开了 6000 人参加的全国科学大会。谢易初领导和参与的重大科研成果“白沙 1016 号”花生新品种被授予“重大科技成果奖”，谢易初的学生、科研项目主要承担人邵舜梦被授予“全国科技先进工作者”。“白沙 1016 号”花生新品种，运用谢易初的“远地引种杂交法”理论，从 1962 年开始，经过四年、七个代次的研发，到 1966 年秋大获成功，被农业部广泛推广，种植面积在 20 世纪 60 年代末 70 年代初达到了 5000 万亩以上，为国家出口创汇立了大功。

12 月 18 至 22 日，中共中央在北京召开十一届三中全会，决定中国“对内改革，对外开放”，这一特大新闻即刻就传遍了全世界。

当谢易初在新加坡听到中国大陆打开国门、面向世界、实行改革开放这个激动人心的消息后，他高兴地说：“这一天终于到来了，我知道，会有这一天的。”

此时的正大集团，历经 57 年，已经从一家小小的种籽店，发展壮大成为一家拥有雄厚实力的跨国企业集团，从泰国走向了世界，在泰国、美国、新加坡、印度尼西亚、马来西亚、日本，以及中国台湾、中国香港等国家和地区都有企业。

**1979 年，83 岁**

1 月，谢易初从新加坡到了香港，在香港利园酒店主持召开了正大集团高层会议，讨论回中国内地投资发展、报效祖国、造福家乡的有关事项。他对谢正民、谢大民、谢中民、谢国民四个儿子说："无论如何也要到中国去。正大在世界各地做得再好，若对祖国无贡献，我将死不瞑目！"他还说："要尽快进入大陆，不可慢，现在是最好的时机。"

2 月，澄海县委县政府根据全国侨联的会议精神，召开了澄海县侨联第三次代表大会。6 月 14 日，澄海县侨联召开第三届第二次会议，经澄海县委组织部批复，谢易初再次担任澄海县侨联主席，直至 1983 年 2 月谢易初逝世。

3 月至 4 月，正值广州春季商品交易会，谢易初即从香港起身来到广州，这是他"文革"以后时隔 13 年第一次回到内地。

时任广东省委书记吴南生在广州华侨大厦亲切会见了老朋友谢易初。谢易初向吴书记表达了急切希望来大陆投资发展、报效国家的心愿，吴南生表示真诚欢迎正大集团来国内投资办企业。

这次在广州，谢易初还参观了广州的中国进出口商品交易会，并会见了蚁美厚、许士杰、林派捷、王浩真等许多老领导和老朋友。分别十多年后的相聚，他们欢欣鼓舞，百感交集。

回到香港后，谢易初对家人说：“到祖国投资兴办企业，要注意，是我们的祖国，一切要为祖国的利益着想，要出钱献力，诚挚合作，扎扎实实为改革开放效力。”

夏，应泰国中泰友好协会会长差猜·春哈旺的邀请，中国政府委派广东省潮剧团代表中国赴泰国访问演出。谢易初对大家在泰国、随即又去新加坡访问演出期间的生活，关照得十分周到，无微不至，剧团全体人员深受感动。

9 月，正当外国的投资商、企业家都还对改革开放政策和是否去中国大陆投资观望徘徊、犹豫不决的时候，在谢易初的安排下，遵照谢易初的心愿和意见，时任正大集团总裁谢国民果断决策、快速行动，决定先赴广州拜访父亲谢易初的老朋友、老领导吴南生，向吴书记当面汇报正大集团来大陆支持改革开放、投资企业、报效祖国的计划，听取他的指示和意见。吴南生书记安排在自己的家中亲切会见了谢国民，对正大集团来大陆投资发展、支持改革开放，给予了充分肯定和高度评价，及具体建议。

11 月，在吴书记的支持和指导下，谢国民带领正大集团的外籍管理团队，经由香港来到深圳，在深圳各级党政机关和领导的支持、帮助下，经过实地考察、洽商，正大集团联合美国康地集团，总投资 3000 万美元创办了“正大康地（深圳）有限公司”，领取了《中华人民共和国台港澳侨投资企业批准证书》外经贸深外资证字0001号，正大集团因此而成了改革开放后第一家进入中国大陆的外商投资企业，是中国改革开放发展历程中的一个里程碑事件。

是年，澄海县筹建澄海人民华侨医院，资金不足，谢易初在香港得知消息后，从香港汇款到澄海人民华侨医院筹建处，捐建医院主楼、购置设备等，先后八次为医院捐资累计2100万元。医院在主楼的外墙正面镶嵌了“谢易初大楼”五个大字，以示医院对谢易初的感恩和永久的纪念。

据澄海区委区政府不完全统计，谢易初和家人先后为澄海区捐资、捐建、捐助的项目近2亿元，包括汕头市谢易初中学、汕头市体育馆、澄海县人民华侨医院、澄海县华侨中学等多处小学、中学、医院、敬老院、体育馆、纪念馆、桥梁等公益设施，为家乡的改革开放和经济社会发展作出了突出贡献。

### 1980年，84岁

2月1日至15日，时任全国人大常委会副委员长、周恩来总理的夫人邓颖超率领中国全国人大代表团抵达泰国曼谷，开始为期两周的友好访问。她一到曼谷，就提出来要看望谢易初。这是一次难忘的会见。

随后，谢易初取道香港再赴广州，会见并带领了白沙农场的一批老同事、老朋友到泰国参观、访问。

送走白沙农场的老同事、老朋友之后，他惦记着正在新加坡培育的葡萄新品种，便赶到了新加坡。

到了新加坡的第二天一大早，谢易初就进入到葡萄园查看正在试验栽培中的葡萄。由于一路劳顿、辛苦，他突发脑中风，猝然晕倒在葡萄架下。

经过紧急救治，病情被控制住，但四肢已经不能活动，也不能说话，行动不能自理。

广东省委书记吴南生获悉后，立即指示广州中医学院组织两位知名中医组成的专家组，前往新加坡与当地医生一起参加对谢易初的治疗。接着又参与护送谢易初回到泰国曼谷的家中，继续进行治疗。经过一段时间的治疗，谢易初的病情有所改善，能坐轮椅、看东西、听声音，还可以简单地说一两句话，但始终未能完全恢复。

11 月 12 日，谢易初的挚友，曾任澄海县委委员、副县长，白沙农场党委书记兼场长的林派捷，赴泰国曼谷登门拜访和看望老友谢易初。

是年，经谢少白的长子谢德民引荐，谢正民和谢大民来四川考察，受到时任成都市委书记宫韫书的亲切会见和热情接待，与四川省、成都市有关方面商谈正大集团来四川省投资发展、设立公司等事项。1982 年，正大集团与成都市签约成立“成都凤凰正大合营有限公司”（后更名为“成都正大有限公司”），是四川省第一家外商投资企业。

### 1981 年，85 岁

年底，谢易初的学生、在谢易初指导下培育出水稻新品种获广东省和国务院奖励的时任澄海县农科所所长曾树创，赴泰国曼谷登门拜访和看望老师谢易初。

**1982 年，86 岁**

8 月 4 日，20 世纪 50 年代在澄海县担任县长，时任广东省农业厅厅长许士鉴，赴泰国曼谷登门拜访和看望老友谢易初。

同年，20 世纪 50 年代在汕头地委担任副书记，时任广东省委宣传部副部长兼文化局局长李雪光，及赴泰访问演出的潮剧团副团长马乔和著名潮剧表演艺术家姚璇秋，在曼谷登门拜访和看望谢易初。

自 1980 年生病以来，谢易初无数次坐着轮椅接待来自中国大使馆、中国各地政府、广州和汕头家乡，以及泰国的友好人士、亲朋好友等各方面前来拜访、看望、问候他的客人。临别时，他常常坚持坐着轮椅把客人送到大门口，才依依不舍地与大家挥手告别，主宾双方常常热泪盈眶，依依惜别。很多家乡的客人回忆说，中国客人到泰国访问，无不受到泰国华侨十分热情、周到的接待，但像谢易初那样无微不至、爱护备至，可以说是绝无仅有！

**1983 年，87 岁**

2 月 5 日，谢易初因病救治无效，不幸在泰国曼谷蓬密医院（英文：Prommitr Hospital）与世长辞。

谢易初逝世后，遗体由家人安葬于泰国曼谷附近的班布恩区（英文：Ban Buend District）的谢氏家族陵园内。

谢易初奋斗一生，毫无私心地为家乡、为祖国、为人类作出了卓越的贡献，厚德载物，彪炳千秋，赢得了中国中央领导和各级党政领导、人民群众、同事、家人、亲朋的高度赞誉和衷心爱戴，人们永远怀念他、敬爱他、纪念他。

# 谢易初先生纪念活动大事记

1987 年

《澄海县华侨志》1987 年版，为 30 位著名华侨、外籍华人、归侨编写了传记，《谢易初传》排在第 16 位。

1988 年

11 月 22 日，澄海县隆重举行了纪念谢易初先生诞辰 92 周年大会，500 多位来自海内外的各界领导、代表、亲朋好友怀着对谢易初先生无限怀念和敬仰的心情，出席了纪念大会。这次为时两天的纪念活动，在汕头盛况空前，时任澄海县委书记杜绍强、中共海南省委书记许士杰、全国侨联副主席蚁美厚、国务院侨务办公室副主任李星浩、汕头市市长陈燕发、汕头市副市长陈喜臣等领导人先后发言，从不同侧面论述和缅怀了谢易初先生的爱国爱乡、科学精神、对祖国建设作出的重大贡献，他作为先侨俊彦，其爱国风范和事迹，必将传世，号召人们继往开来，发扬光大。中华全国归国华侨联合会专门发电文致澄海县人民政府，纪念谢易初先生诞辰 92 周年。纪念活动得到了宣传媒体界的高度关注和重视，《汕头日报》《汕头特区报》《南方日报》《广东侨报》《华声报》《华夏》杂志，以及广东省、汕头市和澄海县的广播电台、电视台都作了报道。当日的《汕头日报》用两个专版，以通栏标题《纪念谢易初先生诞辰九十二周年》，刊发了两个整版的一系列纪念谢易初先生的文章、题词、照片、致电等。

11月，澄海县委、县政府主办，澄海华侨中学承办的《澄海县易初展览馆》在澄海华侨中学内的《易初科学馆》举办。展出了谢易初先生的“热爱祖国、献身科学、兴办实业、造福人类”的生平事迹和大量珍贵图片。

1990年

澄海县召开全县农业科技工作会议，与会代表深切怀念谢易初先生，对他为澄海县的农业经济和科研事业、为白沙农场的发展所作出的突出贡献给予充分的肯定和赞扬。

1992年

《澄海县志》1992年版，为宋朝以来的65位澄海籍著名人物编修了《人物传》，《谢易初传》排在第62位。

1996年

10月，谢易初先生诞辰一百周年之际，澄海市政协专门组织编辑出版了《谢易初先生诞辰一百周年纪念特辑》，收录了庄世平先生、林静辉先生、蚁美厚先生、许世杰先生等撰写的纪念谢易初先生的文章20篇，从不同方面记述了谢易初先生的重要贡献、高尚品格、爱国爱乡、无私奉献等生平事迹，深切缅怀和纪念谢易初先生。特辑还收录了吴学谦先生等7位国家和省、市领导人纪念谢易初先生的题词，及相关照片58幅。

11月，澄海市委、市政府主办，澄海华侨中学承办的《澄海市谢易初图片展览》在澄海华侨中学内的易初科学馆举办。

### 1999年

《汕头市志》1999年版，为西汉以来的196位汕头籍著名人士编修了《人物传》,《谢易初传》排在第182位。

### 2005年

汕头市冠山石佛寺立《神山柚木记》题碑，记载和表彰谢易初先生栽植泰国柚木树、造福桑梓的历史往事，以为永远的纪念!

### 2009年

汕头电视台制作了九集系列文献片《汕头记忆》，献给共和国六十周岁华诞。第三集《育种白沙埔》，解说词中说:“谢易初是正大集团的创始人。新中国成立后，他又接受了澄海县人民政府的聘请，担任国营农场的副场长和技术员。作为蔬菜良种培育方面的专家，谢易初在农场以后的发展过程中，在培养技术人才、繁育良种方面起到了重要的作用。”

2011 年

《中国侨联年鉴》2011 年版记载，1956 年 10 月 5 至 12 日，中华全国归国华侨联合会成立大会及第一次全国归侨代表大会在北京召开，谢易初先生当选为全国侨联第一届委员会委员。

2018 年

中共汕头市澄海区委、区政府为纪念谢易初先生，编印了《造福桑梓 世代流芳——谢易初先生家族的澄海情结》专刊。

2021 年

7 月 28 日，澄海区委区政府在区委区政府大楼十一层会议室举行捐赠仪式，在区委副书记佘辉滨先生、区委常委统战部部长林典发先生等有关领导的见证下，陈之佳女士将她悉心收藏了 58 年的谢易初先生十册珍贵的蔬果育种栽培科研成果遗著单行本，无偿捐赠给了正大集团博物馆。

10 月 30 日，中央电视台 4 套《华人故事》栏目播出《百年赤子心》第五集《情归故里》节目，其中讲述了正大集团第一代核心领导人谢易初先生，1950 年至 1966 年回国投身新中国建设，爱国爱乡、报效祖国，对祖国蔬菜、瓜果、粮食种子的科研事业所作出的贡献；及正大集团第二代核心领导人谢国民在父亲谢易初的教导下，带领正大集团 1979 年回国创办了中国改革开放后第一家进入大陆的外资企业，为中国改革开放伟大事业作出贡献的故事。《百年赤子心》，是中国侨联与中央电视台合作，为庆祝中国共产党成立一百周年制作的系列节目。

# 参考资料

**谢易初先生著作：**

1.《早花椰菜栽培浅说》，蔬菜刊物第一号，1955 年 6 月 15 日初版。

2.《椰菜栽培浅说》，蔬菜刊物第二号，1955 年 6 月 22 日初版。

3.《早萝卜栽培浅说》，蔬菜刊物第四号，1955 年 6 月 22 日初版。

4.《晚萝卜栽培浅说》，蔬菜刊物第五号，1955 年 6 月 22 日初版。

5.《澄海农场花椰菜栽培介绍》，蔬菜资料一，1958 年 6 月 4 日。

6.《澄海农场椰菜栽培介绍》，蔬菜资料二，1958 年 6 月 4 日。

7.《澄海农场萝卜栽培介绍》，蔬菜资料三，1958 年 6 月 4 日。

8.《澄海农场包心芥菜栽培介绍》，蔬菜资料四，1958 年 6 月 4 日。

9.《冬熟西瓜栽培经验介绍》（草稿）。

**其他参考资料：**

1. 中国农业科学院:《中国蔬菜优良品种》，北京：农业出版社，1959 年。

2. 庸歌:《访问澄海县示范农场和归国华侨蔬果专家谢易初先生》,《侨务报》1957 年第 1 期。

3. 中国果树编辑室:《中国果树》1959 年第 3 期，农业杂志社出版，1959 年。

4. 林派捷、唐述尧:《狮头鹅饲养法》，北京：农业出版社，1959 年。

5. 周希宪:《德隆望尊 风范长存——爱国华侨谢易初传略》,《华夏》杂志 1986 年 4 月刊。

6. 澄海县侨办、澄海县侨联:《澄海县华侨志》（初稿），1987 年。

7.《纪念谢易初先生诞辰九十二周年》整版专栏,《汕头日报》1988 年 11 月 22 日刊。

8. 郑俊英、陈泽民:《澄海县纪念爱国华侨谢易初诞辰》,《南方日报》1988 年 11 月 23 日刊。

9. 政协澄海县文史资料委员会:《澄海文史资料》第五辑，1990 年。

10. 崇理:《泰国“正大集团”及其主人谢易初、谢国民父子》,《人物》杂志 1991 年第 3 期。

11. 澄海县地方志编纂委员会:《澄海县志》，广州：广东人民出版社，1992 年。

12. 中共海南省委党史研究室等:《怀念许士杰》，广州：广东人民出版社，1992 年。

13.《邓小平文选》第三卷，北京：人民出版社，1993 年。

14.（泰）邱健、袁伟镪:《爱国华侨谢易初传略》,《广东文史资料》第 74 辑，广州：广东人民出版社，1994 年。

15. 广东省政协、汕头市政协文史资料委员会:《潮商俊彦》，广州：广东人民出版社，1994 年。

16. 少白公亲属暨蒲阳虹社:《谢公少白诞生百周年纪念专辑》1995 年 8 月版。

17. 周希宪:《纪念谢易初》，广州：暨南大学出版社，1996 年。

18. 澄海市政协委员会:《谢易初先生诞辰一百周年纪念特辑》，广州：广东人民出版社，1996 年。

19. 邵舜梦:《回顾谢易初先生对菜种业的贡献看蔬菜良种产业化的历史基础》,《汕头科技》1997 年 1 月刊。

20.（泰）诗琳通:《琢玉诗词》（泰语：หยกใสร่ายคำ），泰国法政大学出版，1998 年。

21. William C.Kirby, William Mellor, Hiroshi Murayama:Roots & Vision, Truelife Publishing, 2018.

22. 汕头华侨历史学会:《汕头侨史论丛》，1998 年。

23. 张一弓:《正大集团创业史》，北京：华龄出版社，1999 年。

24. 王琳乾、邓特:《汕头市志》，北京：新华出版社，1999 年。

25. 汕头市地方志编纂委员会:《汕头市志》上下册，广州：广东人民出版社，2000 年。

26. 田禾:《列国志：泰国》，北京：社会科学文献出版社，2009 年。

27. 中国侨联:《2011 中国侨联年鉴》，北京：中国华侨出版社，2012 年。

28. 澄海区政协文史和学习委员会:《澄海历代明贤录》，2013 年版。

29. 中共汕头市澄海区委、汕头市澄海区人民政府:《造福桑梓　世代流芳——谢易初先生家族的澄海情结》，2018 年 10 月版。

30. 叶曙明:《泰国华侨华人史话》，广州：广东教育出版社，2018 年。

31.《方圆之间》，中央电视台《对话》节目，2003 年 11 月 23 日播出。

32. 李国田:《谢国民忆邓小平》，新华网，2004 年 8 月 21 日。

33.《正大舵手谢国民》，中央电视台《华人世界》节目，

2007 年 7 月 17 日播出。

34.《万古长青》，泰国曼谷唐人街“金佛寺金佛宝殿落成庆典”纪念画刊，2009 年。

35. 汕头电视台《汕头记忆》节目组:《汕头记忆》，2009 年 10 月版。

36.《华商领袖谢国民》，中央电视台《对话》节目，2011 年 8 月 26 日播出。

37.《百年赤子心》，中央电视台《华人故事》节目，2021 年 10 月 30 日播出。

# 后　记

2021 年是中国共产党百年华诞，也正好是正大集团创办一百周年。在这一百年栉风沐雨、波澜壮阔的峥嵘岁月里，一批批海外华侨华人胸怀赤子之心，为中国的革命、建设、改革、发展作出了不可磨灭的贡献；一代代海外华侨华人，始终保持着与中华民族的血脉深情，始终同祖（籍）国同呼吸、共命运、心连心。在他们当中，有许多典型人物，被人们所怀念、所纪念，著名爱国侨领、正大集团创始人谢易初先生便是其中的一位杰出代表。

谢易初先生，广东汕头澄海人。他出身农家，少年时期辍学后便帮助父亲务农，以种植蔬菜为生。少年有志的谢易初，勤劳刻苦，潜心钻研，很快就成为闻名乡里的种菜能手。正是这种有志气、不怕苦、爱钻研的品格，使得他自学成才、创业有成，日后成为一名著名的育种专家、农艺家、实业家。

20 世纪 20 年代初，谢易初先生远赴南洋艰苦创业，在泰国曼谷开办了正大庄种籽行，经营各种优质蔬菜种子。凭借其远见卓识的商业智慧和国际化的战略眼光，到 20 世纪三四十年代，正大庄的种子业务就已经遍及中国、新加坡、日本、印度、印度尼西亚、马来西亚等地。在经营上，他始终坚守“品质第一”和“正直诚信”的原则，把国家的利益、人民的利益摆在首位。他言传身教树立起的“为国为民”理念，为正大集团的发展壮大奠定了坚实的基础，最终成就了百年正大的辉煌业绩，谱写了非凡的商业传奇。他是海外华侨华人创业成功的一个缩影和典型代表。

谢易初先生爱国爱乡，虽然身在海外，但时刻心系故土。他把“正大中国”四个字嵌在四个儿子的名字中，为他们分别取名谢正民、谢大民、谢中民、谢国民，教导自己的子孙永远都不要忘记自己的根在中国。

新中国成立后，他把泰国的正大庄业务委托给家人经营，自己回到祖国投身新中国的建设事业。澄海县委县政府慧眼识才、大胆起用，任命他为国营白沙农场副场长兼技术员。在白沙农场工作期间，他把自己几十年科研开发的优质蔬菜种子成果无偿奉献给国家，并带领大家成功科研培育出蔬菜、瓜果、畜禽和粮食、油料等一批新的优良种源，有的达到了世界领先水平，为新中国的农业种源科研事业和农业经济发展作出了重要的贡献，受到党和政府的充分肯定。例如谢易初先生领导和参与的重大科研成果“白沙 1016 号”花生新品种，荣获了国家重大科技成果奖，20 世纪六七十年代就被农业部广泛推广种植，为国家出口创汇作出了很大贡献。

1978 年，当得知中国要实行改革开放的消息后，谢易初先生毅然决定回国投资兴业，积极支持中国的改革开放。在他的指导下，谢国民先生带领正大集团的海外华裔骨干人才，于1979年来到深圳投资兴办了正大康地（深圳）有限公司，成为改革开放后进入中国大陆的第一家外商投资企业。正大集团是中国改革开放40多年伟大发展历程的参与者、见证者、受益者，更是贡献者。

谢易初先生在兴办实业的同时，还十分热心公益事业。据澄海区委、区政府不完全统计，他带领家人，在澄海家乡，捐建捐助小学、中学、体育馆、博物馆、桥梁、医院，捐资帮助贫困户和残疾人，等等，总额近2亿元，为家乡的教育、文化、体育、医疗卫生、社会福利等事业作出了贡献；在他的领导和指引下，正大集团在中国各地，用于扶贫、济困、救灾等公益慈善捐资累计超过18亿元；用于支持乡村振兴战略、带动农民共同致富的产业扶贫项目总投资额超过100亿元。

谢易初先生曾先后担任过澄海县侨联主席、广东省侨联委员、全国侨联委员等职，他虽然工作繁忙，但仍惦念着侨胞侨眷的生活，关心侨务工作，以强烈的责任感、使命感，认真履行职责，积极建言献策，推动侨务事业健康发展。

无论是新中国成立初期他回国投身于新中国经济建设之时，还是改革开放初期他决定回国投资兴业支持中国经济建设之际，谢易初先生始终对中国的发展前景充满信心，对党和国家的领导充满信任。在他的领导和思想理念指引下，正大集团进入中国40多年来，不断加大各项投资，为中国的经济建设和社会发展作出了历史性贡献。

谢易初先生爱中国、爱泰国，是中泰友谊的使者，在他多年的事业发展中，为中泰两国乃至东南亚各国之间的经贸发展、科技交流、农业良种化等作出了贡献。

谢易初先生的一生，是爱国、奋斗、奉献的一生，他爱国爱乡、报效祖国的赤子之心令人崇敬；他艰苦创业、自强不息的奋斗精神令人敬佩；他热心公益、造福人类的大爱情怀令人景仰。

写作《谢易初先生传》一书，对于我而言，不是“有备而来”，而是“有感而发”，起因是我做了一个有意义的梦。

我在正大集团北京总部工作，作为协助谢毅先生分管集团宣传工作的负责人，庆祝正大集团百年华诞、宣传正大集团文化，自然而然是我的重点工作之一；与此同时，正大集团博物馆的筹备工作，包括广泛收集博物馆所需的历史文献资料等也在同步推进中。

为了做好集团百年庆典和筹备好集团博物馆，遵照谢毅先生的指示，在李闻海先生的指导和帮助下，我牵头与谢灯先生、张曙晖先生、李小锋女士一道，于2019年4月17日至18日来到了集团的发祥地——汕头，进行参观访问，在汕头市澄海区委区政府领导和有关部门的大力帮助下，两天的时间，我们先后参观访问了澄海区委区政府、汕头市白沙农场、澄海区东里镇政府、澄海区樟林古港大楼、蓬中村党委和村委会、蓬中村谢氏宗祠、蓬中村敬老院、蓬中村谢易初先生祖屋、冠山石佛寺谢易初先生旧居、蓬中村华侨学校、汕头市谢易初中学、汕头市第二中学、澄海区华侨医院、汕头市正大体育馆、正大集团在汕头市的企业汕头卜蜂莲花超市和正大康地汕头有限公司等，还拜访和慰问了谢国民先生读小学时候的班主任老师陈诗馥女士。活动十分顺利，收获颇丰。

回到北京后，我一直在思考、总结、整理，反复地查看收集到的资料和照片，特别是5月初集中进行文字写作和修改等原因，谢易初先生爱国爱乡、为国为民、高尚无私、言行一致的高大形象，深深印在了我的脑海里，竟然于5月8日凌晨在梦中见到了谢易初先生和其夫人陈金枝女士。真是日有所思夜有所梦啊！

在梦中，我去谢易初先生家乡访问，模模糊糊地记得最后好像是一个总结会，或是一个欢送会，谢易初先生和夫人陈女士坐在人群当中，笑容慈祥地和我打招呼，众人与他们在一起交谈，最后主持人让我发言，我走上台，向众人鞠了一躬，拿着话筒说：“尊敬的谢易初先生、陈夫人，我代表正大集团中国区八万九千人向你们表示崇高的敬意和衷心的感谢。谢易初先生和谢氏家族为中国的经济建设和社会发展作出了巨大的贡献，你们的事迹在中国有着巨大的影响力。尊敬的谢老、陈夫人，我祝你们身体健康，万事如意！”谢易初先生和陈夫人的形象栩栩如生，他们微笑着跟我打招呼，微笑着坐在人群中听我发言。我发完言又坐回人群当中，后悔刚才没有用手机把发言录下来。这时，有一位谢氏族人，农民打扮，对我说：“我的普通话不好，但是我听得懂普通话，你讲得很好。”正在此时，我从梦中醒来，一看手机是早晨5∶31，我赶紧起身，坐在桌前，打开电脑，把梦境中的情景和话语尽可能多的回忆、真实地记录了下来。

由此我想到，在正大集团百年华诞的庆祝和宣传活动中，在筹备中的正大集团博物馆里，如果有一册介绍和宣传我们集团创始人谢易初先生的书，那该是多好啊！当我把这个想法报告给我的直接领导谢毅先生时，立即得到了他的积极肯定和热情鼓励、大力支持。

于是，我开始有意识地通过多种渠道和办法，收集、学习、研究与谢易初先生有关的书籍、资料、报刊、照片等，最后我竟然也收藏到了46种珍贵的文献资料，以及一些珍贵的照片等。其中有些书籍、资料、照片是十分难得的，甚至是存世孤本，比如谢易初先生的遗著《谢易初论果蔬栽培》十册单行本，如果这次没有收集到，它或许就散失在历史的长河里了。那么，我是怎么找寻到《谢易初论果蔬栽培》这套珍贵的谢易初遗著的呢？这要衷心地感谢一个人，他就是林典发部长。

2021年5月，我读陈如民赠送的《谢易初先生诞辰一百周年纪念特辑》时，从书中得到线索，即20世纪50年代汕头市澄海县白沙农场出版过一套《谢易初论果蔬栽培》（上、下），我真是喜出望外，急切地想为我们正在筹备中的正大集团博物馆收藏到这套书。

# 后　记

谢易初于1921年在泰国曼谷创办了“正大庄种籽行”，是正大集团的创始人。他既是一位育种专家、园艺家、实业家，又是一位爱国爱乡的著名侨领，在担任澄海县国营白沙农场副场长兼技术员的14年间，为国家作出了突出贡献。而2021年正好是正大集团成立一百周年，寻找、挖掘并整理正大百年发展历程中的珍贵文物和史料，对于正在向着新的第二个百年阔步前进的正大集团而言，意义重大，它既帮助我们回顾过往，又启示当今，更让我们放眼未来，正所谓：最好的纪念其实不是锣鼓喧天，最好的纪念就是——睹物奋进再出发。因此我想，如果能在正大集团百年华诞之际，收藏到正大集团创始人谢易初的这套珍贵的论果蔬栽培的科研成果遗著，作为一份珍贵的信史礼物，成为正大集团博物馆的馆藏珍品，那该多么有意义啊！

于是，我首先尝试着在网上搜索、寻找，但很失望没有找到。接着，我想到请澄海区委统战部帮忙看在澄海当地能否找到。我在网上查寻到现任汕头市澄海区委统战部部长为林典发先生，并查阅到澄海区委统战部的通讯地址，便冒昧地给素昧平生的林部长写了一封求助信，于6月4日发出了。

7月9日傍晚，在下班的路上，我接到一个陌生的电话，显示是从汕头打来的。我接听后得知，对方是林典发部长。

他首先告知了一个令我大喜过望的好消息，谢易初的遗著找到了，而且收藏人就是谢易初担任澄海国营白沙农场副场长时的他的一位学生、青年技术人员陈之佳女士，如今陈老师已经81周岁了，她听说正大集团博物馆想收藏这套书，十分高兴地表示愿意无偿捐赠给正大集团博物馆。接着，林部长说他之所以收到我的信后一个多月了才给我回电话，是因为他先前就熟知澄海籍爱国爱乡著名侨领谢易初的事迹，接到我的信后，他高度重视，认为找到谢易初的这套遗著，交由正大集团博物馆收藏，对于纪念谢易初、继承老一辈华侨爱国爱乡传统、开展爱国主义教育、传递党和国家对华侨侨眷的关爱、开创新时期党的华侨统战工作新局面等都十分有意义，因此他便和统战部的同志们着手分头寻找。最后林典发部长终于通过一位华南农业大学的校友，联系上了陈之佳。当陈之佳听说正大集团博物馆想收藏谢易初的这套遗著时，她老人家十分高兴地说，她愿意无偿捐赠给正大集团博物馆。而且林部长给我打电话的当日上午还亲自登门拜访看望了收藏人，确认了谢易初的这套遗著以及收藏人陈之佳愿意无偿捐赠的事实无误后，才打电话给我。林部长务实认真的工作态度和朴实真切的亲民作风，着实令我十分感动。因此我为这次十分及时而有意义的收集、写作工作感到无比庆幸。

经过大半年的准备，我于2020年4月开始动笔；再经过一年多的努力，于2021年7月完稿；7月至9月又不断地补充、修改；五易其稿，终于在9月12日基本定稿，完成了近20万字的《谢易初先生传》书稿的写作工作。

当然，主要由于自己理论知识和写作水平方面的限制，我写作的《谢易初先生传》一书还有很多连我自己都不甚满意之处，还望各位读者给予谅解，并不吝赐教提出您的意见和建议，以便我日后再更正、修改、提高。

在此，我衷心地对在此次写作《谢易初先生传》中给予我指导、支持、鼓励、帮助、照顾等的各位领导、同事、朋友、家人表示诚挚的感谢，他们是（排名不分先后，且不限于）：

正大集团：杨小平先生、谢毅先生、李闻海先生、陈如民先生、谢灯先生、张曙晖先生、谢百姓先生、白芳女士、李小锋女士、陈晓群先生、赵铭女士、宋静女士、白忞女士、彭溪女士、胡春流先生、杨奕女士、方莉萍女士、匡俞全先生、赵霞女士、马川女士、张丁辰先生、李栩源先生等，及我的妻子刘忠群女士。

汕头市：刘永铭先生、佘辉滨先生、林典发先生、谢伟忠先生、谢振孝先生、谢丽莉女士、谢彦洲先生、郭剑锋先生、卢泽芬女士、谢宋彪先生、黄琥珀先生、许友文先生、林奕韩先生、林祯平先生、林秋强先生、陈泽标先生、林振民先生、金卓荣先生、辛扬新先生、王振中先生、陈键先生、吴庆连先生、谭飞鹏先生、陈诗馥女士（已故）、黄忠义先生、李琦先生、陈派光先生、杜式韩先生、陈沛秋先生、王小坚先生、陈镇锋先生、陈之佳女士、林绍壮先生、王芸女士、林戈先生、林戟先生等。

中国侨联：夏付东先生、何长松先生、杨伯勋先生、郭岭松先生、高文喆女士、桑梦娟女士等。

特别感谢中国侨商联合会会长、正大集团资深董事长谢国民先生，在百忙之中抽出时间审阅书稿，给予指导和鼓励，并为本书作序，价值连城，蓬荜生辉。特别感谢正大集团董事长谢吉人先生和正大集团资深副董事长兼中国区CEO杨小平先生、正大集团资深副董事长兼正大投资股份有限公司CEO谢毅先生，都在百忙之中审阅书稿，给予指导和鼓励。

最后，让我们学习、继承和发扬前辈谢易初先生的光荣传统，热爱祖国，热爱人民，勤奋敬业，学无止境，无私奉献，贡献社会，为实现中华民族伟大复兴的中国梦而努力工作，作出自己的贡献！

祝愿谢易初先生开创的正大集团的事业，在新的一百年再续辉煌，为国家、为社会作出更多更大的贡献！

薛增一

2022年3月